HEYNE ‹

Susanne Schmidt

Nie wieder dick!

Susanne Schmidt

Susanne vorher

Susanne nachher

Nie wieder dick!
Die 30-Gramm-Fett Methode

WILHEM HEYNE VERLAG
MÜNCHEN

Verlagsgruppe Random House FSC® N001967
Das für dieses Buch verwendete
FSC® -zertifizierte Papier *Munken Premium Cream*
liefert Arctic Paper Munkedals AB, Schweden.

7. Auflage
Originalausgabe 01/2013

Copyright © 2013 by Wilhelm Heyne Verlag, München,
in der Verlagsgruppe Random House GmbH
Mitarbeit: Edelgard Prinz-Korte, München
Umschlaggestaltung und Layout: Eisele Grafik-Design, München
Illustrationen: Steffen Gumpert, Berlin
Fotos: Seite 8: privat, Seite 19: shutterstock/Horiyan, Seite 32: shutterstock/
Chromatika, Seite 39: shutterstock/Graeme Dawes, Seite 45: shutterstock/Ev Thomas,
Seite 58/59: shutterstock/Horiyan
Druck und Bindung: GGP Media GmbH, Pößneck
Printed in Germany 2014
ISBN: 978-3-453-66031-1

www.heyne.de

Inhalt

Liebe Leserin, lieber Leser,

Frau Susanne Schmidt hat mich gebeten, für ihr vorliegendes Buch über die 30-g-Fett-Methode ein Vorwort zu schreiben. Dieser Bitte bin ich gern nachgekommen. Denn Susanne Schmidt ist es gelungen, nach ihrer erfolgreichen Gewichtsreduktion im Jahre 2006 mit der »Nie wieder dick«-Initiative vielen Betroffenen zu helfen. Die Weitergabe dieser denkbar einfachen Form der Ernährungsumstellung, der 30-g-Fett-Methode, verbunden mit Frau Schmidt als Vorbild, sollte auch andere motivieren, nachhaltig ihr Gewicht zu verringern, um Folge- und Begleiterkrankungen der Adipositas, wie Diabetes mellitus und Bluthochdruck, zu vermeiden. Komplizierte Diäten und aufwendige Essenspläne gibt es zur Genüge auf dem Markt. Die von der Spessart-Klinik Bad Orb entwikkelte 30-g-Fett-Methode kann jeder anwenden – ohne besondere Fachkenntnisse und vor allem ohne Extrakosten. Ursprünglich wurde die 30-g-Fett-Methode für Kinder entwickelt, da Kinder mit Gramm und Kalorien oft noch nicht rechnen können. Das Zählen der Fettpunkte hingegen ist auch für kleine adipöse Kinder problemlos möglich. In der Einfachheit und Alltagstauglichkeit liegt der Erfolgsfaktor. Daher wurde diese Methode nach kurzer Zeit auch bei Erwachsenen angewandt.

In der Abnehmphase sollten pro Tag nicht mehr als 30 Gramm Fett (= 30 Fettpunkte) verzehrt werden; d. h. 1 g Fett = 1 Fettpunkt. Zusätzlich empfiehlt die Spessart-Klinik drei Mal in der Woche körperliche Bewegung, in einer Sportart eigener Wahl (Nordic Walking, Schwimmen, Tanzen oder Radfahren).

Ich wünsche Ihnen viel Spaß und Erfolg mit dem neuen Buch von Susanne Schmidt. Lassen Sie sich von ihrer Erfolgsgeschichte motivieren – so werden auch Sie gute Erfolge verzeichnen, und Ihre Gesundheit wird es Ihnen danken!

Dr. med. Tristan Preuß
Chefarzt Spessart-Klinik Bad Orb

Nie wieder

Ich, Susanne Schmidt, bin 1955 geboren und war mehr als 30 Jahre dick. 2006 habe ich mit der 30-g-Fett-Methode 57 kg in 7 Monaten abgenommen, obwohl ich das Thema Abnehmen schon als gescheitert betrachtet hatte. Doch da ich endlich verstanden hatte, dass nur ich mich schlank machen, aber auch sehr schnell wieder dick machen kann, lebe ich weiter mit dieser Methode und betreibe bis zum heutigen Tag auch meinen täglichen Sport.

Susanne Schmidt
vor 2006

seit 2007

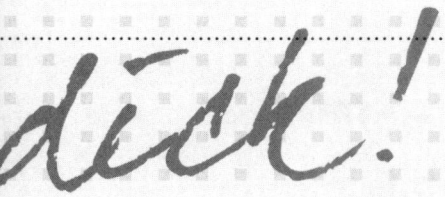

Es ist egal, wie alt Sie sind und wie viel Gewicht Sie verlieren möchten. Diese Methode ist für jedermann geeignet. Es ist keine Diät, sondern eine Ernährungsumstellung, die für den Rest des Lebens beibehalten werden kann. Das beinhaltet schon, dass niemand dabei hungrig sein wird. Und deshalb schaffte ich es, das erste Mal in meinem Leben mein Wunschgewicht zu erreichen. Aber auch, weil diese Methode ohne Verbote und Gebote auskommt, hielt ich durch.

Am Schluss dieses Buchs werden Sie sich fragen: »Warum habe ich mich bisher mit Diätplänen herumgeplagt?« Abnehmen kann so unkompliziert sein. Denn: Du musst und du darfst nicht gibt es hierbei nicht!

Nie wieder dick! Ein frommer Wunsch? Ja, vielleicht sogar eine Beschwörung, um den Zustand des Dickseins für immer zu verbannen? Ich weiß es nicht. Ich weiß nur, dass ich meine Kilos für kein Geld der Welt wieder zurückhaben will.

Ich möchte Ihnen Mut mache, gerade wenn Sie schon aufgegeben haben, es noch einmal zu versuchen. Genauso wie ich es damals tat. Gesund und fit zu sein, sich in seiner Haut wohlzufühlen, mitten im Leben zu sein, anstatt nur als Zaungast zuzuschauen: Das sind doch wirklich lohnende Ziele. Doch sicher fallen Ihnen noch mehr Gründe ein ...

Sie entscheiden für sich, wie Ihr Weg aussehen wird, und er wird genau so richtig sein.

Herzlichst
Susanne Schmidt

Mein langer Kampf mit dem Gewicht – eine Erfolgsgeschichte

Zeit meines Lebens habe ich mit meinem Übergewicht gekämpft, obwohl ich im Mai 1955 als vollkommen normalgewichtiges Kind zur Welt kam. Die damals und vielleicht auch heute noch gut gemeinte, aber zweifelhafte Erziehungsmethode von Eltern, ihren Kindern mit Essen Liebe, Trost und Belohnung zum Ausdruck zu bringen und Gutes tun zu wollen, hat schon sehr früh den Grundstein für viele meiner Probleme gelegt, die sich durchaus hätten vermeiden lassen.

Die ersten Erfahrungen, die Übergewicht haben kann, machte ich schon in den frühen Jahren meiner Schulzeit. Die Lieblingsstunde vieler meiner Mitschüler, der Sportunterricht, war für mich der reinste Horror. Bockspringen, Laufen und Feldspiele bedeuteten für mich psychisch und physisch eine Qual, da ich fast immer das Schlusslicht bildete, aber trotzdem der Anstrengung kaum gewachsen war. Diese und ähnliche Situationen wurden zu Hause immer häufiger mit Leckerlis jeder Art kompensiert, was dazu führte, dass die dicke Susanne immer mehr ins Abseits rutschte.

Pubertät und erste Diät

Als 14-Jährige begann ich mit den ersten Diäten, die ich mit meiner Mutter zusammen zwei, drei oder sogar sieben Tage durchhielt. Doch von Ernährungsumstellung auf Dauer hatte damals noch niemand etwas gehört. Abnehmen hieß in den 1960er- und 70er-Jahren Eierdiät, Ananasdiät, Reistage, Weizenkleie oder Nulldiät. Das hielten wir dann ein paar Tage durch, aber danach wurde vor lauter Hunger alles wieder schnell aufgeholt, und das Resultat war meistens mehr anstatt weniger Gewicht auf der Waage.

Ich war und blieb einfach ein Pummelchen. Meine Freundinnen trugen Hotpants und hatten ihren ersten Freund. Für mich blieben das alles nur Träume. Denn wer will schon eine dicke Freundin haben? Und die schicke Mode war nur für Schlanke tragbar. So musste ich als graues Etwas die selbst genähten Klamotten von meiner Mutter tragen, zog mich immer mehr zurück und tröstete mich wie immer mit Schokolade oder Keksen.

Doch ab und an gab es auch wieder Phasen, in denen ich es schaffte, etwas mehr abzunehmen. Dann, wenn der Sommerurlaub anstand oder mein Wille abzunehmen zufällig länger als drei Tage anhielt. Das klappte richtig gut, als ich von zu Hause auszog, mein eigenes Zimmer hatte und keine Süßigkeiten mehr in der Wohnung herumlagen.

EIN NEUER LEBENSABSCHNITT: EHE UND FAMILIE

1975 hatte ich wieder so eine schlanke Phase. Ich lernte meinen späteren Mann Holger kennen. Relativ schlank und recht ansehnlich, erlebte ich für kurze Zeit, wie es ist, nicht nur im Schatten zu stehen, sondern sich mit den anderen schlanken Frauen auf Augenhöhe zu bewegen. Ich fühlte mich soooo gut. Ein Jahr später heirateten Holger und ich. Ich war glücklich und sehr verliebt. In dieser Zeit konnte ich mein Gewicht problemlos unter Kontrolle halten. Ich war satt vor Glück und brauchte keinen Ersatz, keine essbaren Glücksbringer.

»Susanne und Sport? Das waren schon immer zwei Welten gewesen.«

Doch mit der Zeit entwickelte sich mein Mann Holger mehr und mehr zur Naschkatze. Das kam ehrlich gesagt auch meiner Natur sehr entgegen, und so saßen wir fast jeden Abend gemütlich auf dem Sofa und knabberten Schokolade, Chips und was es sonst noch so alles gab. Ich konnte einfach nicht widerstehen, und an meine Figur dachte ich in diesen Momenten leider nicht. Holger machte damals viel Sport, konnte sich die Leckereien also ohne Reue leisten. Nur: Susanne und Sport? Das waren schon immer zwei Welten gewesen. Somit rächten sich diese gemütlichen Abende bei mir dann auch leider mit vielen zusätzlichen Kilos auf den Hüften. Aber ich dachte: »Demnächst machst du mal eine Diät. Dann ist der Speck schnell wieder weg.«

Warum ich immer wieder so dachte? Ich weiß es nicht: Denn Erfahrungen damit hatte ich ja genügend gemacht. Dass man eben mal schnell abnimmt, ist nur eine Illusion, das wusste ich eigentlich ganz genau. Und die Waage zeigte nun schon über 100 kg an. Nach zwei Jahren Ehe erlebte ich die erste Schwangerschaft mit Sohn Christian und nahm wider Erwarten kein Gramm zusätzlich zu. 1984 kam mein Sohn Mark auf die Welt, und auch dieses Mal gab es keine Gewichtszunahme. Wenn ich auch nicht schlank war, hielt ich doch mein Gewicht. Als Vollblutmutter, ohne eigene Interessen, war das für mich vollkommen ausreichend. Ich musste schließlich Mann und Kinder versorgen. Da war kein Platz für mich und meine Figur.

ALLER ANFANG IST SCHWER

Doch Kinder werden größer. Ich merkte, dass Mutter sein für mich nicht mehr die alleinige Lebenserfüllung war. Nun wurde mir wieder bewusst, wie dick ich eigentlich war und als Frau gar nicht mehr wahrgenommen wurde. Es gab mich eigentlich nur noch als Hausfrau und Muttertier.

Diese Erkenntnis führte jedoch nicht dazu, etwas zu ändern. Im Gegenteil. Das öffentliche Leben bestand für mich nur aus Spielplatz, Kindergarten und Einkaufen. Vielleicht manchmal noch ein Besuch bei einer Freundin. Da war mein Aussehen nicht so wichtig. Bei anderen Anlässen erfand ich jedoch immer neue Ausreden, um diese Termine nicht wahrnehmen zu müssen. Ich schämte mich und verkroch mich immer mehr. Die Folge war, dass ich alles mit noch mehr Essen kompensierte.

»Jeden neuen Tag begann ich mit dem Vorsatz, endlich etwas dagegen unternehmen zu wollen.«

Jeden neuen Tag begann ich mit dem Vorsatz, endlich etwas dagegen unternehmen zu wollen. Doch nach zwei oder drei Tagen hielt ich diese Hungerdiäten natürlich nicht mehr aus und fiel ungebremst über den Kühlschrank her. Immer mit dem Spruch auf den Lippen: Aber morgen, ganz bestimmt, fange ich an.

Heute kann ich es nicht mehr begreifen, warum ich so viele Jahre meines Lebens auf das Leben verzichtet habe. Bin ich selbst schuld daran? Hätte ich es verhindern können? Und das Wichtigste: Kann ich es für die Zukunft verhindern? Und wenn ja, wie? Jahrzehnte versuchte ich alle möglichen Mittel, Geheimtipps, Pülverchen, Drinks und Co. Jedes Mal nur mit kurzfristigem Erfolg. Denn die Werbung suggeriert bis heute, dass diese Hilfen ganz einfach, schnell und für alle Zeit eine schlanke Figur zaubern können, wenn man nur dieses oder jenes kauft oder für ein paar Wochen anwendet.

Doch die Hoffnung stirbt zuletzt. Und ich verschenkte 30 Jahre meines Lebens aus Unwissenheit, Bequemlichkeit, Frust und Leichtgläubigkeit. Immer in Erwartung, dass ich irgendwie und irgendwann von irgendetwas schon schlank gemacht werden würde. Die Erkenntnis, dass, wenn ich im Leben wirklich etwas für mich erreichen oder verändern will, dies selber machen muss, dass mir das niemand abnehmen kann, ist mir leider erst viel später gekommen.

DER WENDEPUNKT

Mittlerweile war ich 51 Jahre alt und wog stolze 132 kg. Es war das Jahr 2006, und mein Arzt meinte nach einem Check-up zu mir: »Hätten Sie nicht Lust, eine Kur zum Abnehmen zu machen?« Warum nicht ein paar Tage rauskommen, dachte ich. Glaubte aber nicht mehr an einen Erfolg. Denn was sollten die mir wohl noch Neues erzählen? Vier Wochen später machte ich mich auf zur Kur in die Spessart-Klinik nach Bad Orb. Doch der vermeintliche Erholungsurlaub entpuppte sich als Stress. Ich sollte Sport machen. Ich hasste Sport seit

»Bewegung war für mich immer etwas gewesen, das ich zu vermeiden versuchte. Denn in meinem Elternhaus lernte ich nie, dass Sport auch Freude bringen kann.«

meiner Schulzeit. Und nun jeden Morgen, drei Wochen lang? Nordic Walking und Aqua-Fitness waren angesagt. Das alles auch noch vor dem Wachwerden, vor dem Aufstehen und vor dem Frühstück. Grauenhaft!

Bewegung war für mich immer etwas gewesen, das ich zu vermeiden versuchte. Denn in meinem Elternhaus lernte ich nie, dass Sport auch Freude bringen kann. Jede überflüssige Bewegung wurde vermieden. Durch mein immer höheres Gewicht und dessen

Begleiterscheinungen wie geschwollene Füße und Beine, schmerzende Hüften, Rückenschmerzen und Atemnot reduzierte sich meine Bewegung dann schließlich auf ein Minimum. In Bad Orb nun Sport! Hätte ich diese Kur nur nicht begonnen, dachte ich wütend. Denn hier gab es keine Ausweichmöglichkeit. Ich musste das Laufen und die Aqua-Fitness jeden Morgen mitmachen. Es gehörte bei mir zur Kuranwendung. Ausreden waren zwecklos.

»Auch ein Mengenesser braucht nicht zu hungern. Das ist bei dieser Ernährungsform (es ist keine Diät) das Schöne.« Das zweite Standbein zum Abnehmen in Bad Orb ist natürlich die Ernährung. Die 30-g-Fett-Methode basiert auf einer ganz einfachen Grundlage: Um das Gewicht zu reduzieren, sollte man nicht mehr als 30 g Fett am Tag essen. Dieses berechnet sich aus sichtbarem Fett, wie Öl oder Butter, aber auch aus unsichtbarem Fett, das in Käse, Wurst, Kuchen und fast allen anderen Lebensmitteln in unterschiedlichen Mengen enthalten ist. Das ist das ganze Geheimnis. Auch ein Mengenesser braucht nicht zu hungern. Das ist bei dieser Ernährungsform (es ist keine Diät) das Schöne. Jeder kann fast alle seine Angewohnheiten in puncto Essen beibehalten. Isst man morgens Müsli, soll man es weiterhin essen. Isst man abends warm, bedarf es keiner Änderung. Hat man immer um 22 Uhr noch etwas gegessen, sollte man auch dieses weiterhin tun. Wichtig ist nur, dass über den Tag verteilt die Menge stimmt. Die Ausnahmen sind Lebensmittel, die kein oder fast kein Fett haben, aber viel Zucker. Diese Lebensmittel, meistens sind es Naschereien, sollten nur in kleinen Mengen genossen werden, auch wenn sie kein oder sehr wenig Fett haben. (Gummibärchen zum Beispiel haben zwar 0 g Fett, aber 700 Kalorien in einer 200-g-Tüte!)

AM BALL BLEIBEN

Nach drei Wochen Spessart-Klinik hatte ich 12 Kilo weniger auf der Waage und war ein wenig traurig, nach Hause zu müssen. Ich war gespannt, wie sich die 30-g-Fett-Methode im Alltag bewähren würde und was von dem Erlernten auf Dauer übrig blieb. Mein Sohn Christian, der sich sehr über meinen Erfolg freute, meinte:

»Mama, Du hast in den letzten Wochen so gut abgenommen. Wir werden jetzt jeden Morgen Nordic Walking machen und du kochst, wie du es in der Spessart-Klinik gelernt hast. Dann wirst du sicher noch einige Kilos mehr verlieren, und mir schadet es auch nicht.« Gesagt, getan. Christian stand jeden Morgen bereit und holte mich zum Laufen ab. Bei Unlust erinnerte er mich immer wieder an meinen Vorsatz, und so wurde es nach und nach mit jedem verlorenen Kilo einfacher und selbstverständlicher, täglich Sport zu treiben. Das ist bis heute so geblieben. Ich kann immer noch ohne Sport leben. Aber ich weiß um die Vorteile und mache es einfach, ohne Ausreden zu suchen.

Oft habe ich mich gefragt: Was war dieses Mal anders als bei allen anderen Versuchen, das Gewicht zu reduzieren. Ich denke, es gab mehrere Gründe:

1. Ich hatte mittlerweile Konfektionsgröße 56.
   Bald würde ich gar nichts mehr zum Anziehen bekommen.
2. Der Arzt hatte eine Fettleber diagnostiziert und mir
   mehrfach gesagt, dass daraus Krebs entstehen könne.
3. Als die Waage in der Spessart-Klinik 132 kg anzeigte,
   obwohl ich mir immer vorgemacht hatte, dass mein Gewicht
   schon nicht höher als 125 kg steigen würde.
4. Dass mir endlich klar wurde, dass nur ich an meinem
   Gewicht etwas ändern kann. Es gibt niemanden,
   zu dem man sagen kann: »Mach mich mal schlank!«
5. Dass mein Sohn mich so unterstützt hat und bei
   einem Durchhänger meinen inneren Schweinehund
   in die Schranken verwiesen hat.
6. Dass ich eine Kur gemacht habe und somit den
   besten Einstieg zum Abspecken hatte.
7. Das erste Mal in meiner langen Abnehmkarriere
   kam das Wort Bewegung darin vor. Daher war der
   Erfolg wesentlich besser und die Motivation
   weiterzumachen auch.
8. Ich habe mich nicht so unter Druck gesetzt, um
   in einer bestimmten Zeit eine bestimmte Kilozahl
   abzunehmen. Ich wusste ja nach meiner Kur, dass es

funktioniert. Denn jeder hat doch schon mal erfahren: Was man mit Gewalt erzwingen will, klappt meistens nicht. Denn auch die Psyche spielt beim Abnehmen eine große Rolle.

9. Endlich eine Möglichkeit der Gewichtsreduzierung gefunden zu haben, bei der ich schon beim Kauf der Lebensmittel, das für mich Richtige auswählen kann. Ich brauche keine Tabellen oder Listen, auf denen ich vieles notieren muss. Und Kalorien zählen brauche ich auch nicht. Und was das Wichtigste für mich ist: Naschereien, die fettfrei oder sehr wenig Fett haben, kann ich in kleinen Mengen noch zusätzlich essen. Also brauche ich kein schlechtes Gewissen zu haben, wenn ich nasche. Denn das führte früher oft genug dazu, mich als Versager zu sehen. Die Folge davon war: Diät wieder mal vorzeitig beendet.

Das waren alles wichtige Gründe, warum meine Bemühungen dieses Mal von Erfolg gekrönt waren und ich nicht wieder auf halber Strecke aufgab. Das alles unter ständiger Aufsicht meines Arztes. Meine guten Erfolge und die meist positiven Reaktionen meiner Umwelt beflügelten mich, immer weiterzumachen.

»Im Februar 2007 hatte ich nach nur sieben Monaten eine Gewichtsabnahme von 57 Kilo erreicht.« Im Februar 2007 hatte ich nach nur sieben Monaten eine Gewichtsabnahme von 57 Kilo erreicht. Meine kühnsten Träume hatten sich erfüllt. Endlich konnte ich als normalgewichtig gelten.

Der Weg an die Öffentlichkeit

Die Umwelt reagierte jedoch sehr unterschiedlich auf meine äußerliche Veränderung. Leider musste ich mir häufig neidische oder sogar gehässige Bemerkungen anhören. Meine Söhne jedoch und Freunde und Verwandte waren sehr stolz. Sohn Mark, der Wirtschaftsinformatiker ist, hatte die Idee, für mich eine Homepage (www.niewiederdick.info) aufzubauen. Dort schildere ich meinen Werdegang von der 132-kg-Frau bis heute. Ich möchte damit anderen Menschen wieder Mut machen, es doch auch einmal zu versuchen. Was mir zu meiner großen Freude auch schon sehr oft gelungen ist.

Um aber auch mich auf Dauer zu motivieren, damit nicht nach einiger Zeit die alten Gewohnheiten wieder die Oberhand gewinnen, wollte ich in unserer ortsansässigen Tageszeitung eine Anzeige aufgeben, um Mitstreiter für den Sport zu finden. Meine Abnehmgeschichte beeindruckte die Mitarbeiterin der »Husumer Nachrichten« so, dass sie am nächsten Tag gleich bei mir vorbeikam und am darauffolgenden Wochenende einen ganzseitigen Artikel über mich herausgab. Danach meldeten sich 300 Leute, und ich gründete mehrere Selbsthilfegruppen. So schaffte ich es, die erste Zeit nach meiner Gewichtsabnahme ohne Rückfälle zu überstehen. Denn die Gruppenmitglieder nahmen und nehmen mich natürlich auch heute noch immer in die Pflicht.

Im Jahre 2008 schickte ich meine Geschichte an STERN TV mit Günther Jauch, der mich dann zweimal in seine Sendung einlud. Es folgten ca. 40 Zeitungen und Zeitschriften, in denen Berichte über mich und andere Erfolgreiche der 30-g-Fett-Methode erschienen. In erster Linie Frauen, die mit meiner Unterstützung ebenfalls viel abgenommen hatten.

ERFAHRUNGEN WEITERGEBEN – MEIN ANLIEGEN

Den Wünschen und Nachfragen anderer Übergewichtiger trug ich Rechnung, indem ich mehrere Kochbücher und meine Biografie schrieb. Ich leite mehrere Selbsthilfegruppen in Deutschland und demnächst werden auch im Ausland ähnliche Gruppen gegründet. Ich biete Abnehmurlaub bei mir an der Nordsee an und Online-Sonderprogramme zum Abnehmen. Außerdem kann man sich in der Spessart-Klinik in Bad Orb jedes Jahr zweimal für eine Woche mit meiner Begleitung anmelden: »Abnehmen mit Susanne Schmidt« heißt es dann. Und wer Zeit und Lust hat, kann in meinem Forum, das auch über meine Website zu erreichen ist, lesen,

»Ich habe Selbsthilfegruppen, die ich persönlich leite, und mehrere andere in Deutschland und demnächst auch im Ausland. Ich biete Abnehmurlaub bei mir an der Nordsee an und Online-Sonderprogramme zum Abnehmen.«

schreiben und sich informieren. Zu einem gewissen Teil mache ich das alles auch für mich. Denn »durch« ist man mit dem Thema nie. Man muss jeden Tag an sich arbeiten. Und auch ich habe immer wieder mal Tage, an denen ich nicht anders kann und die Schokolade oder die Bratkartoffeln einfach zu verführerisch finde. Doch nun habe ich eine Aufgabe übernommen, die mich jeden Tag fordert. Und das ist auch gut so!

In den Jahren 2011 und 2012 folgten weitere Fernsehauftritte, was mich sehr motiviert hat weiterzumachen. Ich möchte noch mehr Menschen erreichen, um auch ihnen zu helfen. Mein großes Ziel ist und bleibt es, dass auch andere Betroffene mit meiner Unterstützung Gruppen gründen, um nach meinem Vorbild zu helfen. Quasi ein Schneeballsystem »Hilfe zur Selbsthilfe«. Denn mit dieser Methode ist Abnehmen wirklich auf Dauer machbar.

Ich bin keine Ärztin oder Ernährungsberaterin. Aber ich habe über 30 Jahre meines Lebens alle Facetten einer Übergewichtigen durchlebt. Ich kenne jede Ausrede, um sich vor der Umwelt in irgendeiner Form zu rechtfertigen. Ich kenne auch die täglichen Schwierigkeiten, die einem auf Schritt und Tritt begegnen. Und letztendlich auch die Mühsal dieses Zustandes. Deshalb weiß ich, dass es niemanden gibt, der sich mit viel zu vielen Kilos wirklich wohlfühlt in seiner Haut. Aus diesem Grunde habe ich dieses Buch geschrieben, in der Hoffnung, dass es viele gibt, die meinem Beispiel folgen möchten.

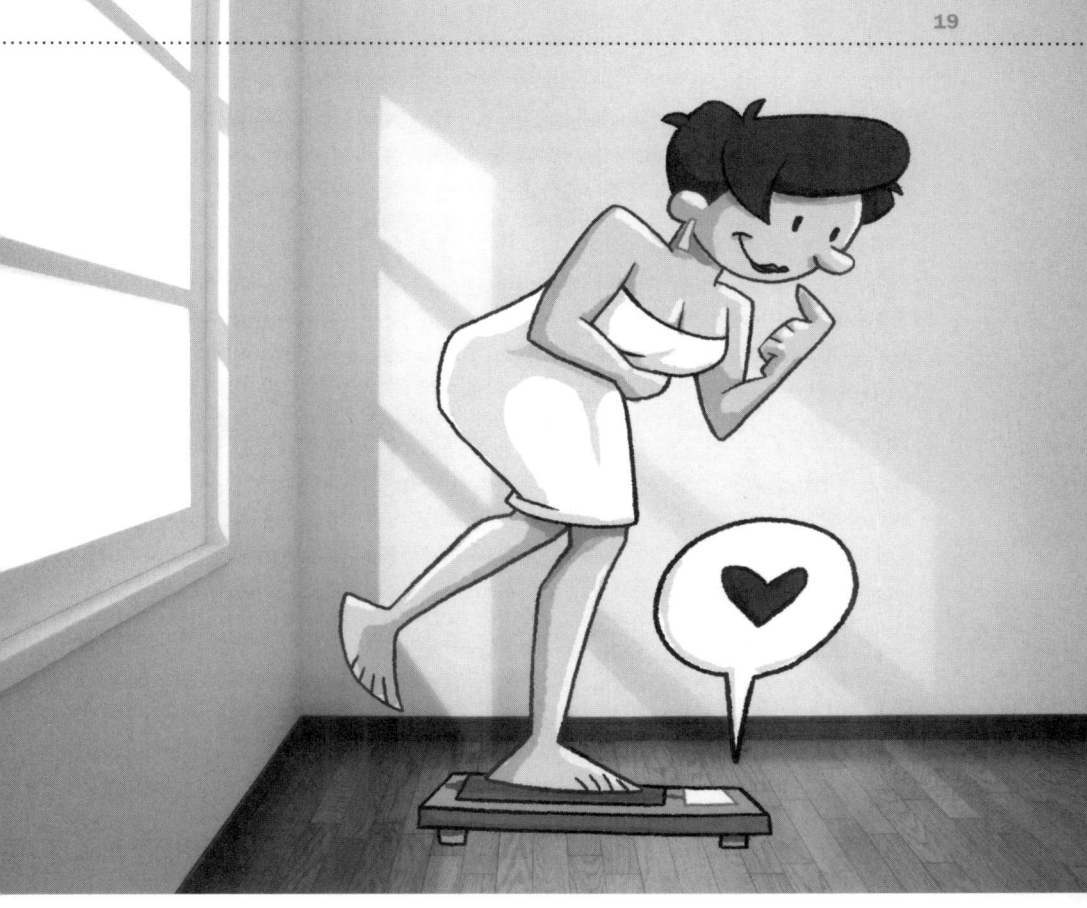

DIE 30-G-FETT-METHODE

Die 30-g-Fett-Methode wurde von der Spessart-Klinik in Bad Orb ursprünglich für übergewichtige Kinder und Jugendliche entwickelt. Ein paar Jahre später übertrug man das Konzept auch auf die Erwachsenenklinik, wo ich es im Jahre 2006 kennenlernte.

Da die kleinen Patienten teilweise noch im Vorschulalter sind, wurde eine unkomplizierte Methode zum Abnehmen entwickelt. Die Kinder sollten das Erlernte zu Hause möglichst leicht umsetzen können. Doch auch Erwachsenen ist ein einfaches Prinzip zur Gewichtsreduzierung angenehmer als das Kalorienzählen. Denn wer hat schon Zeit und Lust, sich in ein umständliches Programm einzulesen, bevor er es anwenden kann?

Bei der 30-g-Fett-Methode benötigt man keine umfangreiche Literatur oder muss zeitraubende Einkäufe und Essenszubereitungen in Kauf nehmen. Genaue Diätpläne zu befolgen und die gewohnten Essenszeiten umzustellen ist auch nicht erforderlich. Wenn Sie sich fettarm und ausgewogen ernähren, werden Sie nicht hungrig sein.

Mittags warm oder abends warm essen? Um 18 Uhr die letzte Mahlzeit einnehmen oder erst Stunden später – darüber entscheiden nur Sie, niemand sonst. Ich habe während meiner Abnehmphase fast immer noch spätabends etwas gegessen und mache es auch heute noch.

Sie können weiterhin essen, wann Sie wollen und was Sie wollen. Nur das, was Sie essen, sollte ab jetzt fettarm sein bzw. fettarm zubereitet werden!

Alle Lebensmittel für diese Ernährungsumstellung – denn es ist keine Diät – bekommen Sie dort, wo Sie bis jetzt auch eingekauft haben. Fettreiche und fettarme Produkte stehen fast immer im selben Regal nebeneinander. Diese eben nur minimalen Veränderungen machen die Methode so alltagstauglich. Und je weniger man sich umstellen muss, umso besser hält man auf Dauer durch. Denn wer verändert schon gerne, was ihm zur lieben Gewohnheit geworden ist?

Doch durch ihre Einfachheit bedingt ist diese Methode nicht in allen Richtungen hundertprozentig perfekt. Daher werde ich Ihnen viele Tipps und Ratschläge geben und von eigenen Erfahrungen berichten, um Ihre Abnahme so weit wie möglich zu optimieren, damit Sie Ihr Ziel bald erreichen.

DIE 3 GRUNDREGELN DER 30-G-FETT-METHODE SIND GANZ EINFACH:

- **Nur 30 g Fett am Tag zu sich nehmen**
- **2 Liter Flüssigkeit am Tag trinken**
- **3-mal wöchentlich mindestens 30 Minuten Sport treiben**

Das gilt natürlich nur, wenn Sie gesundheitlich dazu in der Lage sind. Ohne Sport zu treiben, funktioniert die Methode ebenfalls. Allerdings wird die Abnahme dann etwas länger dauern.

30 g Fett am Tag sind nötig, um abzunehmen. Diese 30 Gramm braucht der Körper für den Stoffwechsel, für die Verdauung, für das Funktionieren aller Organe und des Gehirns. Weniger Fett zu essen verbessert nicht die Abnahme. Im Gegenteil. Der Stoffwechsel wird dann auf Sparflamme schalten.

30 g Fett am Tag gelten für jedermann, egal ob Sie männlich oder weiblich, Kind oder Erwachsener, jung oder alt sind. Um später das Gewicht zu halten, sind laut Spessart-Klinik 50 g bis 60 g Fett am Tag erlaubt.

DIE ANWENDUNG DER METHODE

Annähernd jedes Lebensmittel hat einen bestimmten Fettanteil. Dieses Fett in den verzehrten Lebensmitteln wird täglich addiert. Da Sie aber nur bis 30 FP (Fettpunkte) zählen müssen, ist das wirklich schnell gemacht. Schwankungen von 5 FP nach oben oder unten sind kein Problem.

Auf fast jeder Lebensmittelverpackung ist auf der Rückseite eine Nährwerttabelle abgedruckt. Um zu entscheiden, ob dieses Lebensmittel für Sie geeignet ist oder nicht, schauen Sie sich die Angaben genau an.

Legen Sie besonderes Augenmerk auf die Spalte FETT.
Fettanteil bis 8 g auf 100 g – ist okay.
Fettanteil 10 g bis 15 g auf 100 g – heißt: sparsam damit sein.
Fettanteil über 15 g auf 100 g – lieber darauf verzichten.

Nährwerte	pro 100 ml/g	pro 250 ml/g
Brennwert	228 kJ 54 kcal	570 kJ 135 kcal
Eiweiß	0,7 g	1,8 g
Kohlehydrate	6,0 g	15,0 g
Fett	3,1 g	7,7 g

Verzehren Sie 200 g nach obiger Tabelle, müssen 6,2 g Fett oder 6,2 Fettpunkte berechnet werden.
Ich selbst mache keine Bruchrechnung. 200 g = 6 Fettpunkte.

Somit gilt: 1 g Fett ist gleich 1 Fettpunkt (FP).

Oftmals steht neben den Angaben auf 100 g oder 100 ml auch die Bezeichnung: pro Portion oder pro Scheibe oder pro g. Diese sollte aber erst auf den zweiten Blick beachtet werden. Denn Vorsicht! Jeder Hersteller versteht unter 1 Portion eine andere Menge.

Die Ernährung sollte natürlich gesund, ausgewogen und abwechslungsreich sein (Vollkornprodukte, Kartoffeln, Gemüse, Obst und fettarme Milchprodukte).

Die Lebensmittel, die Sie unverpackt kaufen können, finden Sie in diesem Buch in der Fetttabelle (siehe Seite 230).

Fast jedes Gericht können Sie wie bisher essen. Nur sollten Sie auf eine fettärmere Variante umsteigen bzw. fettärmere Zutaten zum Kochen benutzen.
Pizza, Pommes, Döner, Bratwurst, Kuchen, Eis … Alles ist auch jetzt noch möglich. Rezepte dazu finden Sie in diesem Buch.

Essen Sie nicht nur fettarm, sondern auch abwechslungsreich: Vollkornprodukte, Gemüse, Obst etc.

FETT EINSPAREN: MORGENS UND MITTAGS

Jeder durchschnittlich normalgewichtige Deutsche nimmt täglich 100 bis 150 g Fett zu sich. Durch die Reduzierung auf 30 g Fett täglich werden bis zu 1200 kcal eingespart. Wie Sie Fett einsparen können, zeigen Ihnen jeweils zwei Beispiele für Frühstück und Mittagessen.

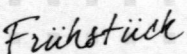

1. Die fettreiche Variante:

1 Brötchen	1,0 Fettpunkte
Butter oder Margarine (1 gestr. TL = 4 Fettpunkte) Für 2 Brötchenhälften mind. 4 TL	16,0 Fettpunkte
1. Hälfte mit 1 Scheibe Käse (ca. 30 g, 45 % Fett)	9,0 Fettpunkte
2. Hälfte mit 1 Scheibe Salami (ca. 20 g)	6,5 Fettpunkte
Summe Fettpunkte	**32,5 Fettpunkte**

2. Die fettarme Variante:

1 Brötchen	1,0 Fettpunkte
Frischkäse als Aufstrich (0,2 % bis 6 % Fett) 4 TL davon, genau wie das obere Beispiel	1,0 Fettpunkte
1. Brötchenhälfte mit 1 bis 2 TL Honig oder Marmelade bestreichen	0,0 Fettpunkte
2. Brötchenhälfte mit 1 Scheibe Lachsschinken, gekochtem Schinken oder Corned Beef; oder Geflügelaufschnitt oder Putenzwiebelmett ca. 20 g	1,0 Fettpunkte
Summe Fettpunkte	**3,0 Fettpunkte**

Mittagessen

1. Die fettreiche Variante:

100 g Kartoffelsalat	16,0 Fettpunkte
100 g Kroketten	9,0 Fettpunkte
100 g Pommes frites	17,0 Fettpunkte
100 g Bratkartoffeln	15,0 Fettpunkte
100 ml Sauce Hollandaise bis zu	50,0 Fettpunkte
100 g Ente	19,0 Fettpunkte
100 g Nackenbraten	12,0 Fettpunkte
100 g Rinderhackfleisch (roh)	14,0 Fettpunkte
100 g Bratwurst & ähnliche Würste	25,0 Fettpunkte

2. Die fettarme Variante:

Salz- und Pellkartoffeln	0,0 Fettpunkte
Gemüse	0,0 Fettpunkte
Nudeln: 100 g ungekocht = 200 g gekocht	1,5 Fettpunkte
Reis: 100 g ungekocht = 200 g gekocht	1,5 Fettpunkte
100 g Schnitzelfleisch	3,0 Fettpunkte
100 g Tatar	3,0 Fettpunkte
100 g Kotelett, Rücken (Schwein)	6,0 Fettpunkte
100 g Geflügel	2–3,0 Fettpunkte
100 g Fisch (z. B. Seelachs, Forelle, Rotbarsch)	2–3,0 Fettpunkte

WIE SOLLTEN DIE MAHLZEITEN AUSSEHEN?

Damit Sie sich besser orientieren können, was Sie am Tag zu sich nehmen können und sollten, hier eine kleine Auswahl für jede Mahlzeit. Aber bitte immer Ihre Fettpunkte pro Tag beachten!

Essen Sie Frühstück?? Falls nicht, fangen Sie damit an. Denn erst, wenn Sie das erste Mal am Tag was essen, beginnt der Stoffwechsel seine volle Leistung zu bringen.

Frühstück

Keine fertigen Müslis essen, besser:
- Haferflocken (7 g Fett) oder Dinkelhaferflocken (3 g Fett)
- Milch 0,3 bis 1,5 %
- Joghurt 0,1 %
- Quark 0,3 %
- etwas Obst (wenig Zucker dazu oder Süßstoff)
- 1 Scheibe Brot (dunkel), 1 Brötchen (dunkel)
- etwas Honig, Marmelade oder Philadelphia Milka 14 % Fett
- Wurst bis 4 % Fett
- Käse bis 17 % Fett
- verschiedene Frischkäsesorten bis 14 % Fett
- selten 1 Ei (7 FP)

Vormittags

- 1 Stück Obst oder Joghurt mit 0,1 % Fett
  Achtung: Bananen enthalten viel Zucker

Mittagessen

- Salzkartoffeln oder Pellkartoffeln
  (keinen Kartoffelsalat, keine Bratkartoffeln)
- Pommes 3 % Fett (z. B. von Agrarfrost)
- viel Gemüse oder Salat

- mageres Fleisch (Pute, Hähnchen, Schnitzelfleisch)
- mageren Fisch (Scholle, Kabeljau, Seelachs, Forelle)
  in Wasser »braten« oder 1 Teelöffel Öl (5 g Fett)
- selten Nudeln oder Reis
- Saucen & Dressings bis 8 % Fett,
  besser weniger (fertig oder selbst hergestellt)
- Gemüsesuppen

Als Nachtisch:

- Obst
- Joghurt mit 0,1 % Fett
- Quark mit 0,2 % Fett (beides mit Frucht)
- Pudding mit 0,9 % Fett, z. B. von Optiwell
  (oder selbst gekocht mit Milch, 0,3 % Fett)
  oder Götterspeise

Nachmittags

Besser nichts essen, eventuell

- Laugenstange oder Brezel
- 1 Schokokuss
- 1 Schokokussbrötchen
- Russisch Brot (ein paar Stück)
- selten Kekse, Muffins, Kuchen
  (fett- und zuckerarm, Rezepte hier im Buch)

Abendessen

- 1 bis 2 Scheiben Vollkornbrot oder Knäckebrot (kein Weißbrot)
- Butter oder Margarine (5 g sind 4 Fettpunkte)
- Frischkäse bis 14 % Fett
- magere Wurst (gekochter Schinken,
  Puten- oder Hähnchenbrust, Corned Beef usw.)
- mageren Käse bis 17 % Fett.

Falls Sie später noch Appetit bekommen, verrühren Sie 250 g Quark (bis 0,5 % Fett) mit Mineralwasser und mischen klein geschnittenes Obst darunter.

SAUCEN

Der Handel bietet viele Fertigsaucen an, die gut schmecken und sehr fettarm sind. Bevorzugen Sie jedoch immer rote Saucen. Diese sind auf Tomatenbasis hergestellt.

Weiße Saucen sind auf Käse- oder Sahnebasis hergestellt. Am besten und meistens günstiger ist es aber, wenn Sie nicht auf Fertigsaucen zurückgreifen, sondern die Saucen selbst zubereiten, immer vorausgesetzt Sie haben genügend Zeit.

ERNÄHRUNGSTIPPS

Auch wenn in Brot, Nudeln, Reis und Süßigkeiten wenig Fett enthalten ist, sollten Sie es nur in Maßen genießen. Denn diese Lebensmittel enthalten sehr viele Kohlehydrate (Zucker), die sich im Körper in Fett umwandeln.

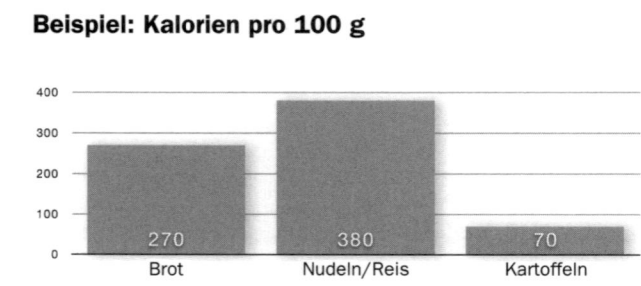

Beispiel: Kalorien pro 100 g

	Brot	Nudeln/Reis	Kartoffeln
	270	380	70

Keine Angst. Wir zählen zwar keine Kalorien, aber der Zucker sollte immer im Auge behalten werden!

BRATEN UND BACKEN

Das meiste Fett können Sie immer noch bei der Essenszuberei-
tung in der Pfanne, beim Backen oder beim Brotaufstrich sparen.

Fleisch und Fisch müssen nicht in Öl gebraten werden. Ersetzen
Sie es durch Mineralwasser. Ich »brate« jedes Fleisch und jeden
Fisch in wenig Mineralwasser. Und auch Rührei schmeckt hervor-
ragend, wenn es nur in Mineralwasser zubereitet wird. Statt Butter
oder Margarine als Brotaufstrich verwenden Sie Frischkäse mit
0,2 bis 5 % Fett. Und beim Backen nehmen Sie statt Butter oder
Margarine »Die Leichte« mit 24 % Fett.

Außerdem wichtig für den Körper sind Vitalstoffe

- **Vitamin C** benötigt der Körper für die Fettverbrennung. Besonders viel ist enthalten in Sanddorn, schwarze Johannisbeere,
  Paprika, Erdbeere, Zitrone, Orange, Ananas, Sauerkraut, Kartoffel, Apfel oder Ascorbinsäure

- **Magnesium** benötigt der Körper für die Fettverbrennung. Es ist
  enthalten in vielen Mineralwassersorten, Haferflocken, Reis, Bananen, Spinat, Brokkoli, Bohnen, Erbsen, Kartoffeln, Rhabarber.

- **Chrom** baut den Insulinspiegel ab und macht so das Abnehmen
  erst möglich. Chrom ist enthalten in: Weizenvollkornbrot, Gemüse, Orangensaft, Birnen, Honig, Kartoffeln, schwarzem Tee,
  Kotelett, Krabben, Miesmuscheln, einigen Käsesorten, Mais,
  Weißbrot.

- **Kalzium** ist enthalten in Milchprodukten (fettarme Produkte
  haben mehr Kalzium als fettreiche).

- **Jod** benötigt die Schilddrüse, um den Stoffwechsel in Gang zu
  halten. Jod ist dem Speisesalz zugesetzt.

Naschen von Süssigkeiten und Snacks

Da bei dieser Methode keine Kohlehydrate und kein Eiweiß berechnet werden, können diese Produkte auch noch genossen werden, wenn man seine 30 Fettpunkte schon verzehrt hat. Alles natürlich in Maßen, da diese Lebensmittel oft viel Zucker, also viele Kalorien, enthalten: Erlaubt sind Risbellis (z. B. von Reis fit), Russisch Brot, Kaugummi, Gummibärchen, harte Lakritze, Salzstangen alles natürlich in kleinen Mengen.

Getränke

Genauso wichtig wie das richtige Essen ist das Trinken. Wenn man erfolgreich abnehmen will, sollten es am Tag mindestens 2 l sein wie Wasser, Fruchtsäfte, Kaffee und Tee (bis zu 2 Becher täglich), aber alles möglichst zucker- und alkoholfrei. Von Säften mit viel Zucker und Cola rate ich ab.

Am besten für den Organismus ist natürlich Wasser – Mineralwasser oder Leitungswasser. Es wirkt im Körper wie ein Schmerzmittel und regelt den Wärmehaushalt. Wasser ist gleichzeitig das beste Entwässerungsmittel für den Körper, da es den Stoffwechsel aktiviert. Wassermangel führt oft zu Übergewicht. Das Gehirn meldet Hunger, obwohl der Körper Durst hat. Je weniger man trinkt, umso mehr muss man essen. Jedes Nahrungsmittel kann nur mit Hilfe von Wasser im Körper abgebaut werden. Trinkt man zu wenig, muss der Körper dafür mehr Cholesterin bilden, um den Wassermangel auszugleichen. Das kann auf die Dauer zu erhöhtem Cholesterinspiegel führen. Hungergefühl bedeutet oft nur, dass der Körper Wasser braucht. Sodbrennen kann ebenfalls ein Zeichen von zu wenig Wasser im Körper sein.

Vor jeder Mahlzeit sollte man 1 bis 2 Gläser Wasser trinken. Dadurch braucht der Körper mehr Energie, um das Wasser für sich nutzbar zu machen, zu befördern und auf Temperatur zu bringen. Das wiederum verbraucht Kalorien. Ausreichend Wasser im Körper vermeidet die Speicherung von Fett. Die Zellen haben dann keinen Platz mehr für das Fett.

Wasser sorgt außerdem für die Produktion eines Enzyms, das wichtig für den Abbau der Fettreserven ist. Wasser stimuliert für bis zu 2 Stunden die Ausschüttung des Hormons Motilin. Dieses Hormon meldet dem Kopf die Information: Ich bin satt! Außerdem aktiviert dieses Hormon die Darmbewegungen, damit also die Verdauung.

Wasser vermindert außerdem das Verlangen nach Süßem, da es alle wichtigen Nahrungsbestandteile besser verwertet und der Körper weniger Mangel an Mineralien hat, die dann oft als Süßhunger ausgelegt werden.

Alkohol enthält zwar kein Fett, verhindert aber die Fettverbrennung im Körper und wird somit wie folgt berechnet:
1 Glas Wein: 200 ml = 15 Fettpunkte
1 Glas Sekt: 100 ml = 7 Fettpunkte
1 Flasche Bier: 330 ml = 11 Fettpunkte

LAST BUT NOT LEAST – DIE BEWEGUNG

Das fettreduzierte Essen ist nur ein Aspekt auf dem Weg zum Wunschgewicht. Denn die Fettverbrennung klappt am besten, wenn man sich so viel wie möglich bewegt.

Wenn es aus gesundheitlichen Gründen nicht unmöglich ist und der Arzt grünes Licht gibt, sollte man sich so viel wie möglich bewegen. Ich bevorzuge Nordic Walking, täglich 1 bis 1,5 Stunden. Doch natürlich ist auch (fast) jede andere Sportart gut. Wichtig ist nur, dass man dabei den sogenannten Fettverbrennungspuls von 110 bis 130 erreicht. Diesen kontinuierlich mindestens eine halbe Stunde lang halten. Höher sollte der Puls jedoch nicht steigen, denn sonst findet keine optimale Fettverbrennung mehr statt. Dieser Puls wird erreicht, wenn der Sport so betrieben wird, dass man sich dabei gerade noch unterhalten kann.

Sport oder
Anti-Aging

Sport – was fällt Ihnen bei diesem Wort ein? Spaß, Lebensfreude, gute Laune? Oder Anstrengung, Schweißausbrüche und Stress?

Ist vielleicht an manchen Tagen der Gang zur Mülltonne schon Anstrengung genug? Und dabei spielt es keine Rolle, ob Sie nur ein paar oder viele überflüssige Kilos mit sich herumtragen. So ging es mir viele Jahre auch …

Doch meine Kur zum Abnehmen beinhaltete täglichen Sport. Ausreden wurden nicht akzeptiert, und das war mein Glück.
Ja, mein Glück. Allein gelassen mit diesem guten Vorsatz, hätte ich es immer wieder auf »später einmal« oder »morgen ganz bestimmt« verschoben.

Wenn jetzt der Einwand kommt, dass Sie eigentlich gern Sport betreiben würden, aber die Angebote bei Ihnen einfach nicht für Sie zutreffen, die Zeiten ungünstig sind oder Sie keine freie Minute in der Woche dafür Zeit haben, vermute ich, dass das fast immer eine Ausrede ist. Nur dieses Mal in andere Worte gefasst.

WER WILL, SUCHT WEGE; WER NICHT WILL, SUCHT GRÜNDE!

Für andere Dinge, die Ihnen wichtig sind, finden Sie wahrscheinlich immer Zeit … Sollte Ihnen Ihre Gesundheit, ein leichtes und gutes Körpergefühl und nicht zuletzt eine schnellere Gewichtsreduzierung das nicht auch wert sein?

Bewegung muss nicht Geräteturnen im Fitnessstudio oder Joggen bedeuten. Von Letzterem ist jedem Übergewichtigen sowieso abzuraten, da es belastend für die Gelenke sein kann. Wenn Sie nicht wirklich gern sporteln, deshalb Gleichgesinnte brauchen, um animiert zu werden, versuchen Sie es doch mal mit Aqua-Fitness und verwandten Arten, Nordic Walking, Radfahren, schnelles Spazierengehen, Schwimmen, Skilanglauf, Tanzen (wie z. B. Zumba, Line Dance, Jazz-Dance, Salsa). Viele haben auch großen Spaß, sich mit der Wii zu bewegen, Tae Bo (Fitness-Sportart, die Elemente aus den asiatischen Kampfsportarten integriert) auszuüben oder auf dem Trampolin zu laufen.

Machen Sie doch einfach mal eine Schnupperstunde mit. Tanzstudios, Schwimmbäder, Sportvereine, Volkshochschulen, physiotherapeutische Praxen und natürlich auch Fitnessstudios bieten solche Kurse an. Teilweise übernehmen die Krankenkassen sogar die Kosten. Und Übergewichtige sind mit Sicherheit in den Gruppen auch dabei.

Sollten Sie kein Herdentier sein und sich lieber alleine bewegen wollen, umso besser. Dann einfach raus vor die Tür und laufen, Rad fahren oder, wenn vorhanden, auf den Berg oder um den See gehen. Und bei Regen bleibt immer noch die Treppe im Haus. Jeden Tag 10-mal rauf und runter ... Nicht gerade die erste Wahl, aber hier gilt dann einfach: Jeder Gang macht schlank! Auch ein Mini-Trampolin für zu Hause wäre eine Lösung. Es ist flach, passt in jede Nische und kann in jedem Raum aufgestellt werden. Und ganz wichtig: Auf dem Trampolin läuft man. Springen ist nicht vorgesehen, aber natürlich erlaubt. Damit Sport noch mehr Spaß macht, versuchen Sie es einmal mit Musik dazu. Legen Sie Ihre Lieblings-CD ein, oder sporteln Sie mit Kopfhörern.

Nach ein paar Wochen regelmäßiger Bewegung werden Sie dasselbe denken wie ich: »Warum habe ich damit nicht schon früher begonnen? Das hätte ich mir schweißtreibender und langweiliger vorgestellt.« Aber so anstrengend soll es ja gar nicht sein. Die Fettverbrennung ist am effektivsten, wenn Sie sich beim Sport gerade noch unterhalten können. Also nicht mit hängender Zunge oder zitternden Knien.

Hört sich das sooo schlimm an??
Ich denke nicht!!

Mit Sport purzeln die Pfunde wesentlich schneller als ohne. Die Haut bleibt straffer (ich habe keine Bauchfalten, trotz meines Alters), und beim Sport werden Muskeln aufgebaut, damit man mehr essen kann, ohne zuzunehmen.

WIE VIEL SPORT IST SINNVOLL?

Empfehlenswert für eine nachhaltige Wirkung ist es, 3-mal 30 Minuten die Woche Sport zu treiben. Versuchen Sie das regelmäßig mit unterschiedlichen Sportarten wie Gymnastik, Ausdauerübungen, Pilates etc., und Sie werden schon bald Ergebnisse erzielen und sich besser fühlen.
Sport treiben bedeutet, Zeit für sich allein zu haben, Zeit für Ihre Gesundheit, Zeit für Ihre Figur, und Zeit abzuschalten, um Ihren Gedanken nachhängen zu können. Mit dem richtigen Sport kann man auch wunderbar entspannen und/oder Frust abbauen. Diese Eigenpflege sollten Sie sich wert sein.

Doch wie motiviert man sich, ab sofort regelmäßig Sport zu treiben? Sie haben doch sicher ein Ziel, warum Sie abnehmen wollen? Stellen Sie es sich bildlich vor. Immer wieder. Auch wenn es erst einmal nur der Gang um den Block ist, um zu überlegen, was in puncto Sport in Zukunft machbar ist. Aber damit ist schon mal der Anfang gemacht.

Mit zwei Beispielen, die auf den ersten Blick nicht zusammenpassen, aber im Grunde doch das Gleiche sind, möchte ich Ihnen zeigen, wie Sie sich selbst motivieren können.

1. Sie möchten sich etwas kaufen, das nicht ganz billig ist.
Das Geld haben Sie nicht. Aber Sie wünschen es sich so sehr ...
2. Eine Person liegt Ihnen sehr am Herzen. Die Liebe oder Freundschaft droht zu zerbrechen.

Was würden Sie in diesen Fällen tun? Nichts? Darauf warten, dass sich das alles von allein regeln wird? Das wäre der falsche Weg.
Im ersten Fall werden Sie vielleicht verstärkt sparen, um sich den Wunsch erfüllen zu können.
Im zweiten Fall werden Sie sich bei dem Menschen, der Ihnen so wichtig ist, mit viel Fantasie und Charme ins Zeug legen, damit der geliebte Mensch wieder versöhnt ist.

Fazit: In beiden Fällen müssen Sie etwas dafür tun, damit Ihr Wunsch in Erfüllung geht. Aber beim Abnehmen soll alles wie von selbst laufen? Klingt irgendwie unlogisch, oder?

Also fangen Sie heute noch an. Vielleicht mit einem 15-minütigen Spaziergang? Es wird höchste Zeit. Sie haben doch ein Ziel.
Und wenn noch der letzte kleine Anstoß fehlt, dann stellen Sie sich nackt vor einen Spiegel. Und danach sind wahrscheinlich alle Zweifel, ob es überhaupt nötig ist, endlich etwas für sich zu tun, verschwunden.

Als kleine Belohnung wäre nach dem Sport ein leckerer Cappuccino oder eine andere, nicht essbare Kleinigkeit möglich. Wenn es dazu führt, die regelmäßige Bewegungseinheit zu sichern, ist das doch völlig okay.
Ich sehe Sport mittlerweile als Teil meines normalen täglichen Alltags an und überlege gar nicht mehr, ob ich ihn mache oder nicht. Irgendwann am Tag passt er schon in den Plan. Und wenn es einmal nur 10 Minuten sein sollten anstatt der üblichen Stunde, ist das auch in Ordnung.

Und wenn Sie körperlich nur die geringste Möglichkeit haben, etwas in dieser Richtung zu tun, dann danken Sie Gott und lösen endlich Ihren Gutschein für eine bessere Figur, mehr Gesundheit und mehr Lebensfreude ein.

Nordic Walking

Das erste Mal lernte ich Nordic Walking kennen, als ich noch 132 kg auf die Waage brachte. Eine Bekannte stellte mich eines Tages vor vollendete Tatsachen. Ich war entsetzt, denn zu Hause war der Weg von der Haustür zum Auto oder in den Garten meine längste Rennstrecke. »Das schaffe ich nicht«, sagte ich ihr gleich. Doch Protest war zwecklos. Nach ein paar Minuten wartete ich schon darauf, dass mir die Puste ausging und meine Beine und Füße rebellierten. Doch nichts geschah. Ich lief und lief. Nach 30 Minuten war ich immer noch schmerzfrei und vollkommen begeistert. Das hätte ich niemals für möglich gehalten. Seit dieser Zeit laufe ich immer noch, so oft es geht. Versuchen Sie es. Es klappt mit fast jedem Gewicht (bestimmte körperliche Probleme natürlich ausgeschlossen). Und Kurse, die von den Krankenkassen teilweise bezuschusst werden, gibt es überall. Informieren Sie sich!

AQUA-FITNESS UND VERWANDTE ARTEN

Im Wasser wiegen wir nur ein Zehntel unseres eigentlichen Körpergewichts. Das allein sorgt schon dafür, dass jede Sportart im Wasser für Übergewichtige zu empfehlen ist. Die Gelenke werden geschont, und was uns im Trockenen körperlich gar nicht möglich wäre, können wir im Wasser spielend schaffen. Aqua-Fitness, Aqua-Jogging, Aqua-Cycling und Schwimmen sind daher besonders für die Fettverbrennung geeignet. Aqua-Fitness wird sogar von einigen Krankenkassen bezuschusst. Mit flotter Musik im meistens herrlich warmen Wasser tut man nicht nur seiner Figur einen großen Gefallen, sondern auch seiner Seele. Und in vielen Städten gibt es auch schon Angebote für Übergewichtige, falls Sie nicht so gern mit schlankeren Leuten ins Wasser gehen.

TRAMPOLIN-LAUFEN

Trampolin-laufen wird auf einem kleinen 1-m-Trampolin ausgeübt. Die größere Ausführung für den Garten ist nicht dafür geeignet. Es ist eine gute Möglichkeit zu Hause für 10, 20, 30 oder mehr Minuten etwas Sport zu treiben, wenn die Zeit für andere Aktivitäten nicht reicht. Das kleine Trampolin wiegt um die 10 kg und hat eine Höhe von ca. 25 cm. Das Mini-Trampolin ist eines der wirksamsten Fettverbrenner überhaupt. Durch die Überwindung der Schwerkraft arbeiten alle Muskeln für die Fettverbrennung.

TANZEN

Zumba, Line Dance, Square Dance, Salsa uvm.: Tanzen bringt Spaß, kann allein oder zu zweit betrieben werden und ist in diesen Fällen mit Sicherheit Sport.
Ich mache, so oft es geht, Line Dance. Fast überall wird es in Studios und anderen Einrichtungen angeboten. Hier tanzt jeder für sich. Somit braucht man keinen Partner. Tanzen ist nicht nur gut für die Figur, sondern tut auch der Seele gut.

Sie sehen, die Möglichkeiten, Sport zu treiben, sind vielfältig. Geben Sie sich einen Ruck und probieren Sie aus, welcher Sport Ihnen zusagt. Sie werden sehen, Sport kann sogar Spaß machen!

Tipps für den Alltag

Damit Sie sich im Alltag besser orientieren können und wissen, was Sie bei der Einkaufsplanung beachten sollten oder unterwegs mal schnell zu sich nehmen können, habe ich hier noch ein paar Tipps für Sie zusammengestellt.

WAS SOLLTE ICH EINKAUFEN?

Diese Lebensmittel können Sie nach Ihrem Geschmack einkaufen:

Brot, Knäckebrot, Brötchen (alle Sorten ohne Sonnenblumen- oder Kürbiskerne, die sonst zusätzlich berechnet werden müssen)
Frischkäse bis 6 % Fett,
Brunch 14 %, Halbfettbutter oder -margarine (hat jedoch 40 % Fett)
Quark bis 0,5 % Fett
Joghurt bis 0,1 % Fett
Rama Cremefine »Kochen mit Finesse« 7 % Fett
Molke (mit und ohne Frucht)
Buttermilch (mit und ohne Frucht)
Vanille- und Kakaodrink mit 0,2 % Fett
Käse, alle Sorten bis 17 % Fett absolut, oder 30 % i. Tr.
Marmelade, Honig, Ahornsirup, Philadelphia Milka 14 % Fett
gekochten Schinken
geräucherten Schinken bis 3 % Fett
Putenaufschnitt
Hähnchenbrustaufschnitt
Corned-Beef-Aufschnitt bis 4 % Fett
Aspikaufschnitt bis 3 % Fett
Putenzwiebelmett 5 % Fett
Braten- oder Kassleraufschnitt bis 6 % Fett
alle fettreduzierten Wurstsorten bis ca. 6 % Fett
Kartoffeln
Gemüse
Nudeln (eher selten)

Reis (nicht zu oft)	
Obst (Bananen u. Weintrauben mit Augenmaß)	
Schnitzelfleisch	
Geflügelfleisch, Tatar 3 % Fett	
Putenhackfleisch bis 5 % Fett	
Ganz mageres Rindfleisch	
Würstchen, Bratwurst, Leberwurst, Leberkäse usw. nur fettreduziert	
Fisch: Rotbarsch, Kabeljau, Forelle, Krabben, Scholle, Seelachs	
Wasser, Kaffee, Tee, Getränke bis 10 kcal auf 100 ml (z. B. Cola light)	

Zum Naschen für zwischendurch: Salzstangen, Russisch Brot, harte Lakritze, Risbellis von Reis Fit, Löffelbiskuits, Haribo-Produkte bis 0,2 % Fett

WAS KANN MAN IN DER STADT AUF DIE SCHNELLE ESSEN?

Trockenes Brötchen	1 FP
Schokokussbrötchen (Brötchen mit Schokokuss darin)	3 FP
Brezel oder Laugenstange (keine Butterbrezel)	2 FP
Rosinenbrötchen	1 FP
Kuchen, 1 kl. Stück Hefeteig mit Obst (ohne Sahne)	4 FP
Hamburger	9 FP
McWrap® Grilled Chicken Honig-Senf	5 FP
Belegtes Brötchen mit Belag, ohne Mayonnaise oder Remoulade	FP je nach Belag
Gemischtes Obst, fertig geschnippelt	0 FP
Sorbeteis im Becher (ohne Sahne)	1–2 FP
Cappuccino mit fettarmer Milch, grande	2 FP
1 Semmel mit gekochtem Schinken (lassen Sie den Fettrand wegschneiden)	2 FP
Multivitamin-Bonbons, aber nur ein oder zwei Stück, da Bonbons zu viel Zucker enthalten	0 FP
Corny-free-Riegel, Schoko free/Haselnuss	2,1/2,3 FP
Riesenbecher Kaffee mit ganz viel Milchschaum	0,5 FP

ANSTATT-LISTE

Mit der Anstatt-Liste wissen Sie auf den ersten Blick, welche Lebensmittel fettärmer ersetzt werden können.

fettreich	fettarm
Butter 80 % Fett	Frischkäse 0,2–5 %
Margarine 80 %	Cremefine 7 %
	Die Leichte 24–37 %
	Halbfettbutter 39 %
	Halbfettmargarine 39 %
	Quark 0,5 %
	Mayonnaise 4,9 %
	Saure Sahne 10 %
	Schmelzkäse 9 %
	Senf
	Tomatenmark
Öl	mit Wasser braten 1 TL Öl statt 1 EL Öl
Bratkartoffeln	Ofenkartoffeln
Kroketten	Kartoffelpüree
	Pellkartoffeln
Pommes	Pommes 3 %
	Kartoffelspalten
Bockwurst	Würstchen 3 bis 5 %
Bratwurst	fettreduzierte Bratwurst
Ente	Putenbrust
Gans	Hähnchenbrust
Gemischtes Hack	Putenhack, Tatar
Haxe	Spanferkel ohne Schwarte
Leberkäse	Leberkäse 3 % (z. B. Vielleicht)
Schweinebauch	Schnitzel

fettreich	fettarm
Leberwurst	Leberwurst 3 % (go light)
Mortadella	gekochter Schinken
Salami	Salami fettreduziert
Speck	magerer Schinken 3 %
	Aspikwurst
Fischstäbchen	Backfisch
Lachs	Wildlachs
Hering	Forelle
Makrele	Scholle
	Krabben, Scampi, Garnelen
Milch 3,5 %	Milch 0,1 bis 1,5 %
Joghurt 3,5 %	Joghurt 0,1 %
Quark 40 %	Quark 0,5 %
Sahne	Saure Sahne 10 %
Crème fraîche 40 %	Crème fraîche 15 %
Milram Frülingsquark 40 %	Milram Quark Activ 2,4,%
Frischkäse 50–70%	Frischkäse 0,2 bis 14 %
Käse 45 bis 70 % i. Tr.	Käse 16 absolut oder bis 30 % i. Tr.
Mürbeteig	Hefeteig
Rührteig	Biskuitteig
Quark-Öl-Teig	Kuchen ohne Boden
Schokokekse	Russisch Brot
Butterkekse	Löffelbiskuits
Sahnetorte	Obstkuchen/Hefekuchen
Nussecke	Schokokussbrötchen
Nutella	Philadelphia Milka

fettreich	fettarm
Riegel	Corny-Free-Riegel
Mozartkugel	Mon Cherie
Toffifee	Gummibärchen
Windbeutel	Schokokuss
Sahneeis	Sorbeteis
Magnumeis	Joghurteis
	Milchspeiseeis
Chips	Chips 9 % Fett
Nüsse	Salzstangen
Croissants	Rosinenbrötchen
Sonnenblumenbrot	Vollkornbrot
Buttertoast	Knäckebrot
Butterbrezel	Laugenbrezel
Weiße Saucen	rote Saucen
Sauce Hollandaise	Sauce Hollandaise 8 %
Fette Saucen	Maggi fettreduzierte Saucen
Alkoholische Getränke	alkoholfreie Getränke
Gesüßte Getränke	ungesüßte Getränke
Pizza	Pizza von Knack und back,
Döner	Döner light
Kartoffelsalat 80 % Mayonnaise	Kartoffelsalat 5 % Mayonnaise

Motivationshilfen

Engelchen (Du) und Teufelchen (Dein Schweinehund) unterhalten sich:

Engelchen

Seit meine Waage immer mehr anzeigt, bin ich oft so schlapp und müde. Irgendwie bin ich schwerfällig geworden und fühle mich einfach nicht mehr wohl in meiner Haut. Als ich noch weniger Gewicht auf die Waage brachte, war das Leben einfach »leichter«. Ich fühlte mich körperlich viel besser, und wenn ich mich dann im Spiegel sah, gefiel ich mir ganz gut. Kleider kaufen brachte Spaß, und des Öfteren wurden mir Komplimente gemacht. So geht es nicht mehr weiter. Ich muss endlich was gegen meine überflüssigen Pfunde tun! Ich will endlich wieder schlanker sein.

Teufelchen

Ach, das bildest du dir nur ein. So schlimm ist das doch gar nicht. Andere Leute sind noch viel dicker als du. Und wenn man älter wird, ist es einfach so. Man legt halt ein paar Pfündchen zu. Das macht doch nichts. Meistens fühlst du dich doch gut. Und das Essen schmeckt halt immer so lecker. Da kann man einfach nicht NEIN sagen. Und

wenn Du eingeladen bist oder Freunde kommen, wäre es unhöflich, so wenig zu essen. Und dann gehört natürlich der Wein oder das Bier dazu. Außerdem gibt es doch heute Kleidung in fast jeder Größe zu kaufen.

Engelchen

Ich möchte auch mal wieder Hosen in Normalgröße tragen und nicht immer nur die mit Gummizug in XXL. In die schicken Läden brauche ich gar nicht mehr reinzugehen. Dort bekomme ich in meiner Größe nie etwas, das mir gefällt. Außerdem kann ich diese ewigen Anspielungen auf meine Figur nicht mehr hören. Und mein Selbstbewusstsein wird auch immer weniger.

Teufelchen

Was kümmern dich die anderen Leute? Und auch wenn die XXL-Klamotten etwas plump aussehen, hast du dafür viel Spaß

beim Essen. Die ganzen Hungerhaken wissen doch gar nicht, was gut schmeckt. Was sind da schon Äußerlichkeiten? Und zudem sparst du viel Geld, wenn du nicht so viele Möglichkeiten hast, passende Kleidung zu bekommen. Das kannst du dann in leckeren Kuchen, Schokolade und Bratwurst mit Pommes investieren.

Engelchen

Mein Arzt sagt, wenn ich abnehme, würde ich weniger oder vielleicht keine Medikamente mehr brauchen. Ich würde höchstwahrscheinlich länger leben und auch viel mehr Spaß am Leben haben. Viele Schmerzen könnten verschwinden. Ich müsste dann nicht mehr so viel Geld für Medikamente oder andere Therapien ausgeben. Denn die Kassen zahlen immer weniger, und das kann dann irgendwann für mich nicht mehr bezahlbar sein. Und diese 30-g-Fett-Methode ist wirklich einfach. Eigentlich muss ich nur das Fett im Blick behalten und habe keine Extrakosten und umständliche Vorgaben einzuhalten. Außerdem kann ich mich dabei auch richtig satt essen.

Teufelchen

Ach was, mehr Spaß am Leben! Schön zu Hause sitzen, lecker schlemmen und dann im Fernsehen den Leuten beim Leben zuschauen, das ist doch so gemütlich. Und dann hat man auch nicht den Stress, irgendwohin und wieder zurück gehen zu müssen. Man ist entspannt zu Hause und hat seine Ruhe. Außerdem, mit den Schmerzen ist das doch gar nicht so schlimm. Man schluckt halt eine Pille mehr, und alles ist wieder okay. Wenn du ehrlich bist, kann das fettarme Zeug doch gar nicht schmecken. Diese leckeren fetten Würste und Kuchen sind doch durch nichts zu ersetzen. Und dann auch noch immer dieses nervige Punktezählen. So was von umständlich und zeitraubend. Da kann einem ja der Appetit vergehen.

Engelchen

Wenn ich so die schlanken, lebensfrohen Leute, die ihren Sport treiben und die leicht und locker ihre Runden drehen oder beim Shoppen fast jedes Kleidungsstück tragen können, sehe, bin ich sehr unglücklich, dass ich das alles nicht kann. Mir fallen oft genug schon einige hundert Meter langsamer Fußmarsch schwer. Die Luft wird knapp, und ich schwitze dann gleich so. Zum Shoppen kann ich nur in die Handtaschen-, Schuh- oder Schmuckabteilung gehen. Das macht mich so traurig. Denn wie gerne möchte ich auch mal etwas Schickes tragen und mich im Spiegel zufrieden anschauen können. Und wie schön wäre es, Treppen ohne Stöhnen und Pusten raufsteigen zu können!

Teufelchen

Ach, was willst du mit Sport? Ist viel zu mühsam. Es gibt so viel Schönes, was auch ohne Bewegung geht. Essen, Fernsehen,

mit dem Auto fahren, im Bett liegen, im Garten, Biergarten oder auf dem Balkon sitzen, schlafen. Das ganze Getue mit dem Sport ist doch nur Stress. Den haben wir heute alle viel zu viel. Schon Churchill sagte: »Sport ist Mord.« Zu Hause auf dem Sofa sitzen ist auch lange nicht so gefährlich. Wie viele Leute verletzen sich beim Sport. Das kann dir nicht passieren.

Engelchen

Das Leben besteht aus so viel mehr als essen. Ich lebe doch nicht um zu essen, sondern esse, um zu leben. Und ich weiß auch, dass Probleme, die nicht durch essen entstanden sind, auch nicht durch essen behoben werden können. Warum mache ich es denn nur immer wieder? Ich hasse mich dafür. Manchmal könnte ich schreien und weinen, wenn meine Wut auf mich wieder mal so groß ist. Ich will doch abnehmen. Warum tue ich mir das immer wieder an? Wenn mir dann jemand helfen will, laufe ich zur Höchstform auf. Meine Fantasie in puncto Ausreden ist da unerschöpflich. Und Woche für Woche schiebe ich die Ernährungsumstellung und mehr Bewegung auf die nächste Woche. Diese Sucht lässt mich immer unzufriedener, einsamer und dicker werden. Von wegen: Schokolade macht glücklich! Alles Unsinn. Da ist der Sport für die Seele, die Figur und die Gesundheit um vieles wirkungsvoller. Es muss ja kein Leistungssport sein. Nicht stundenlang bis zur Erschöpfung im Fitnessstudio schwitzen. Ich kann mich noch gut erinnern, was ich in schlankeren Zeiten immer gerne gemacht habe. Vielleicht versuche ich es wieder mal ein paar Minuten auf ganz moderate Art und Weise damit. Oder ich informiere mich einfach mal, was es so an Neuem gibt. Es soll nur etwas sein, was mir nicht zu anstrengend ist.

Teufelchen

Mensch, bist du nervig! Wenn du so richtig in den vielen Kalorien mit ganz viel Fett schwelgen kannst, geht es dir doch immer richtig gut. Du kannst dein Hirn ausschalten und für ein paar Stunden den ganzen Stress und Ärger vergessen. Wenn die Wirkung dann vorbei ist und sich dein schlechtes Gewissen meldet, dann schiebe einfach noch etwas Schokolade hinterher, dann geht's dir wieder gut. Diese Methode wirkt doch immer. Und jedes Medikament hat Nebenwirkungen, das weißt du doch. Beim Essen sind es halt die Kilos mehr auf der Waage. Und wer will schon ewig leben?

Engelchen

Schluss! Die Diskussion ist zu Ende!! Du kannst mich nicht überzeugen. Ich werde ab sofort etwas ändern. Ich weiß, dass nur ich mich schlank, gesünder und zufriedener machen kann. Das werde ich ab sofort tun. Ich zähle meine Fettpunkte, achte ein wenig darauf, dass ich mich gesund ernähre und diese dummen Leckereien, die mir immer wieder über den Weg laufen, weitestgehend ignoriere. Ich habe nur ein Leben, und das will ich in vollen Zügen genießen. Und es gibt so vieles mehr, was sich lohnt zu erleben, als der Geschmack von irgendwelchen überflüssigen fetten, süßen und vollkommen überflüssigen Fressalien auf der Zunge.

WIESO NEHME ICH NICHT MEHR AB?

Wenn Sie nicht so viel abnehmen, wie Sie es sich vorgenommen haben, kann das verschiedene Gründe haben.

a) Sie haben zu wenig gegessen.

Wird zu wenig gegessen, kann der Stoffwechsel so weit herunter-fahren, dass er nur noch ganz wenig verbrennt. Somit nimmt man kaum noch ab. Der Stoffwechsel arbeitet nur noch im Grundum-satz. Oder Sie haben zu wenig Fettpunkte zu sich genommen. Nach meiner Erfahrung sind 30 FP bis 35 FP am Tag effektiver als unter 30 FP zu essen.

b) Sie haben zu wenig getrunken.

Das kann die Fettverbrennung behindern. Also mind. 1,5 l bis 2 l Flüssigkeit (ohne Zuckerzusatz) am Tag zu sich nehmen.

c) Sie nehmen Medikamente.

Viele Medikamente, z. B. Betablocker, Hormone, Cortison, einige blutdrucksenkende Medikamente, Schmerzmittel oder Insulin, können die Abnahme erschweren. Auch Antidepressiva, Neurolep-tika und andere Medikamente, die Körperfunktionen herabsetzen, können auch den Stoffwechsel herunterfahren und das Abneh-men erschweren.

d) Sie bewegen sich zu wenig.

Am Anfang jeden Abnehmens verliert der Körper Wasser. Das klappt immer gut. Nach einer gewissen Zeit geht es dann erst an die Fettreserven. Das ist dann wesentlich mühsamer. Deshalb sollte sich jeder so gut und so oft er kann wenn irgendwie mög-lich bewegen. (Jeder Gang macht schlank.) Mindestens 3-mal in der Woche 30 Minuten Sport treiben.

e) Sie haben eine schlechte Verdauung.

Sollten Sie Probleme damit haben, trinken Sie doch mal morgens auf nüchternen Magen ein Glas lauwarmes Wasser. Außerdem sollten Sie mehr Obst, Gemüse und Joghurt essen.

Nicht zu wenig Fett, lieber 30 g täglich zu sich nehmen.
Trinken Sie vieles mit Kohlensäure? Eventuell kohlensäurehaltige
Getränke vermeiden. Diese können Verstopfung verursachen.
Abends als Letztes etwas Apfelessig in einem Glas Wasser
verdünnt trinken.

f) Frühstücken Sie?

Wann essen Sie am Tag das erste Mal etwas? Das Frühstück
wegzulassen bedeutet, dass der Stoffwechsel erst auf vollen Tou-
ren läuft, wenn man das erste Mal etwas gegessen hat. Bis
dahin läuft er auf Nachtbetrieb (Sparflamme). Also morgens
immer eine Kleinigkeit essen.

g) Kann man auch ohne Sport abnehmen?

Ja, es geht nur langsamer. Denn wenn man abnimmt, verliert der
Körper grundsätzlich Muskelmasse und nur die verbrennt Fett.
Auch wenn wir Sport treiben, wird bei der Abnahme Muskelmasse
abgebaut, aber wesentlich weniger. Somit ist der Sport auch zum
Abnehmen und Gewichthalten sehr wichtig. Denn je weniger
Muskelmasse wir haben, umso weniger Kalorien verbrennen
wir und umso weniger dürfen wir essen, um nicht wieder zu-
zunehmen.

h) Stillstand bei der Abnahme

Manchmal passiert es auch, dass Sie abgenommen haben und auf einmal geht
es nicht mehr weiter. Das kann
auch daran liegen, dass dem Körper Vitamine, Spulenelemente oder
Mineralstoffe fehlen. Diese sind
für eine Reihe von Stoffwechsel-
vorgängen notwendig.

i) Arbeitet die Schilddrüse richtig?

Fragen Sie Ihren Arzt, auch wenn es
Ihnen gut geht. Dieses Problem be-
trifft sehr viele Menschen. Man merkt

es vielleicht nicht einmal. Doch wenn die Schilddrüse nicht richtig arbeitet, kann eine Abnahme schwer bis unmöglich werden.

j) Zu viele Kohlehydrate zu sich genommen.

Haben Sie zu kohlehydratreich gegessen? Jedes Gramm Kohlehydrate bindet 3 bis 4 g Wasser an sich, wohlgemerkt Wasser, kein Fett! Kohlehydrate haben außerdem viele Kalorien.

k) Gesundheitscheck

Wann wurde das letzte Mal ein Check-up beim Arzt gemacht? Funktionieren die Organe richtig? Es muss einem nicht immer auffallen, wenn sich im Körper etwas verändert, das die Abnahme erschweren kann.

l) Übersäuerung des Körpers

Ist Ihr Säure-Basen-Haushalt vielleicht nicht ganz ausgeglichen? Dies kann sehr schnell vorkommen, denn fast alles, was wir essen und trinken, übersäuert den Körper. Auch Sport und kohlensäurehaltige Getränke können dazu beitragen. Ist der Körper übersäuert, lagert er Wasser in den Zellen ein. Das kann man nicht sehen oder fühlen (keine dicken Knöchel etc.).
Es besteht die Möglichkeit durch Teststreifen (eventuell aus der Apotheke) festzustellen, ob der pH-Wert bei 7,5 liegt.
Weicht der Wert davon ab, könnte man durch Zugabe von Schüssler-Salzen (oder Bullrich vital) diesen Mangel ausgleichen. Doch auch Gerolsteiner Mineralbrunnen kann den Säure-Basen-Haushalt korrigieren.
Besser aber ist es, zuerst Rücksprache mit Apotheker oder Arzt zu halten.

m) Zu viel salzhaltige Speisen gegessen.

Haben Sie besonders salzreich am Tag zuvor gespeist?
Ein gesalzenes Süppchen oder Schinken am Abend kann hierfür schon der Grund sein!

n) Periode

Wenn Sie weiblich sind, können Sie deshalb zugenommen haben, weil Ihnen Ihre Periode bevorsteht. Durch Wassereinlagerungen können Frauen bis zu 3 kg Gewichtsschwankungen von einem Tag auf den nächsten haben!

o) Jeder Stoffwechsel reagiert anders.

Bei einer Ernährungsumstellung kommt dies häufig vor. Der eine nimmt sofort ab und der andere braucht erst einmal ein paar Wochen, bis sich der Stoffwechsel auf die neue Ernährung eingestellt hat. Daher sind Schwankungen von 2–3 kg ganz normal.

Der Chaostag

Vor einiger Zeit hatte ich ein interessantes Gespräch mit einem Psychologen. Ich wollte von ihm wissen, ob ich irgendwann einmal ein ganz normales Essverhalten entwickeln könnte. So wie es Menschen haben, die nie Gewichtsprobleme hatten. Wirklich nur ans Essen denken, wenn man Hunger hat, und nicht bei jeder Gelegenheit. Bedauernd schüttelte er den Kopf und begann, mir eine Geschichte zu erzählen ...

Nach einer Theorie ist das Universum durch den Urknall entstanden. Zuerst herrschte das totale Chaos. Nach Millionen von Jahren entstanden daraus unsere Milchstraße und andere Sonnensysteme. Meistens läuft nun alles in geordneten Bahnen ab. Doch es kommt auch vor, dass eine Sonne verglüht oder ein neuer Stern geboren wird. Auf der Erde läuft vieles auch in geordneten Bahnen ab, so wie Tag und Nacht, Sommer und Winter. Aber auch hier kennen wir das Chaos. Wie zum Beispiel immer wieder beim Wetter, der Pflanzen- oder Tierwelt. Bei den Menschen in unserer Kultur könnte man den Karneval als eine Art Chaos bezeichnen. Die Leute machen Dinge, die sie sonst nicht machen dürften. Doch schon im Mittelalter wussten die Lehnsherren, dass die Leute sich ab und an mal austoben müssen (Luft ablassen). Wenn man so will, im Chaos versinken dürfen. Danach sind sie wieder bereit, eine gewisse Zeit so zu leben, wie es von ihnen verlangt wird.

Das Chaos ist in unserem Fall, ab und an zu viel zu essen oder viel zu Fettes zu essen (auch bekannt unter dem Namen Fresstag). Speisen eben, die wir sehr gern mögen, ob sie nun gut für uns sind oder nicht. Sich einmal pro Woche so ein Mehr an Essen zu gönnen, macht zufrieden und nimmt den Druck des Verzichts. Denn essen bedeutet für viele von uns mehr, als nur den Hunger stillen. Diesen Chaostag kann man auch wunderbar bei Festen und besonderen Anlässen anwenden, ohne sich die leckeren Dinge verkneifen zu müssen und ohne ein schlechtes Gewissen zu haben. Hinzu kommt, dass der Chaostag die Abnahme fördert, weil der Stoffwechsel so einen kleinen Kick bekommt.

NIE-WIEDER-DICK-SELBSTHILFEGRUPPEN

Wenn Sie schon einmal versucht haben abzunehmen, werden Sie wissen, dass die neue Ernährungsform nicht das größte Problem dabei ist. Auch die eine oder andere Sporteinheit wird in der ersten Zeit noch voller Tatendrang durchgeführt.

Ein paar Tage oder Wochen klappt meist alles wunderbar. Die Pfunde schmelzen, die neue Ernährungsweise ist einfach und sättigend, und man sieht sich schon rank und schlank am Strand liegen.

Doch alles Neue verabschiedet sich irgendwann in den ganz normalen Alltag. Dann wird hier und da, mal so zwischendurch, was Leckeres probiert, und die zusätzliche Bewegung verschwindet langsam, aber sicher in der altbekannten Schublade, die da heißt: Morgen ganz bestimmt …

Das macht sich auf der Waage natürlich bemerkbar. Schnell sinkt die Euphorie, Frust macht sich breit, und schon wirft man die guten Vorsätze und Verhaltensänderungen in die Ecke. Zur eigenen Entschuldigung nimmt man sich dann ganz fest vor, demnächst wieder neu zu starten.

Um das selbst gesteckte Ziel zu erreichen, ist diese kurze Zeit der Ernährungsumstellung jedoch selten ausreichend. Sich alleine, ohne jede Hilfe weiterhin zu motivieren wird von Woche zu Woche schwerer. Die süßen und fetten Fallen lauern überall. Und oft genug hat die Familie oder der Freundeskreis nicht wirklich das Verständnis für diesen neuerlichen Versuch, das Gewicht zu reduzieren. Unterstützung aus dem eigenen Umfeld zu bekommen ist sicher nicht die Regel. Oft genug ist leider eher das Gegenteil der Fall.

Doch um das gewünschte Gewicht zu erreichen und auch zu halten, ist ein gewisses Durchhaltevermögen erforderlich.

Nur, wie schafft man das?

Da ich weiß, wie schwierig es ist und sicherlich auch so bleiben wird, habe ich mehrere Selbsthilfegruppen in meinem Heimatort gegründet, um mich und andere immer wieder zu motivieren.

Willkommen sind Übergewichtige, die noch auf dem Weg sind, aber auch Leute, die ihr Ziel schon erreicht haben.
Die Abnehmwilligen kommen wenn möglich wöchentlich. Aus meiner Erfahrung haben diese Teilnehmer den besten Erfolg. Die anderen Gruppenmitglieder melden sich in gewissen Abständen, um sich weiterhin unter Kontrolle zu halten. Aber auch um neue Tipps und Ratschläge zu erhalten und ihre Erfahrungen an die anderen Mitglieder weiterzugeben.

Fast alle Gruppenleiter haben oder hatten Gewichtsprobleme und wissen um die Nöte eines übergewichtigen Menschen. Hier heißt es einfach Hilfe zur Selbsthilfe zu geben.

Leiter, die ihr Ziel schon erreicht haben, bestätigen mir immer wieder, dass diese Treffen auch ihnen helfen, am Ball zu bleiben.

Seit einiger Zeit gibt es weitere Nie-wieder-dick-Gruppen in ganz Deutschland und demnächst auch im Ausland. Und es sollen immer mehr werden. Leider bin ich darauf angewiesen, dass sich Interessierte bei mir melden. Um das Vorhaben zu verwirklichen, unterstütze ich diese, wenn gewünscht. Vom Entwerfen eines Flyers bis zu den Unterlagen für die Gruppenstunden biete ich meine Hilfe an. Selbstverständlich auch in der Folgezeit, um einen ständigen Kontakt zu halten.
In den Stunden erhalten die Teilnehmer Getränke, Rezeptkopien und ab und zu kleine Kostproben fettarmer Lebensmittel oder Snacks. Dafür zahlen sie einen kleinen Obolus, der allerdings so niedrig wie möglich gehalten wird. Es sollen nur die Selbstkosten gedeckt werden. Diese richten sich ganz nach den örtlichen Gegebenheiten (Raummiete).
Termine, Unkostenbeiträge und der Ablauf der Stunden sind von Ort zu Ort verschieden. Das Gleiche gilt für die Termine der Treffen, wann, wie oft und wo diese stattfinden.
Jedoch lehren alle die 30-g-Fett-Methode, deren Anwendung und Umsetzung, in Form von Gesprächsrunden. Wer möchte, wird gewogen. Es ist aber kein MUSS. Jeder Teilnehmer kommt zu Wort, kann seine Fragen stellen und seine Erfahrungen weitergeben. Alles, was zum Thema Abnehmen gehört, wird besprochen. Und dies alles in einer lockeren Runde bei Wasser oder Tee.

Ich würde mich sehr freuen, wenn Sie sich entschließen würden, eine neue Selbsthilfegruppe von »Nie wieder dick« zu gründen, um vielleicht sich selber, *Bei Interesse kontaktieren* aber auch anderen zu helfen, schlanker zu *Sie mich bitte über* werden oder schlank zu bleiben. Weitere Infos *niewiederdick@gmx.de.* auf meiner Seite www.niewiederdick.info

REZEPTLEITFADEN UND KÜCHENTIPPS

Zur besseren Übersicht und damit jeder gleich weiß, wie viele Fettpunkte ein Rezept enthält, werden diese am Anfang jedes Rezepts grafisch dargestellt.

Die Fettpunkte sind immer pro Person, pro Stück oder manchmal auch für die ganze Menge angegeben. Wenn also ein Rezept für 4 Personen angegeben ist, ist die Fettpunktzahl schon umgerechnet. Das Gleiche gilt für die Angabe »Für 12 Stücke« beispielsweise. Bei der Angabe »Für 1 Portion« (wie im Dips- und Saucen-Kapitel) bezieht sich die Fettangabe auf die gesamte Menge.

Die Temperaturangaben bei den Rezepten beziehen sich immer auf Ober- und Unterhitze, wenn nicht anders mit Umluft angegeben.

ZUBEREITUNGSTIPPS

SÜSSEN

Seit Kurzem ist Stevia hierzulande im Handel als Süßungsmittel zugelassen. Stevia wird aus einer in Südamerika vorkommenden Pflanze gewonnen und hat im Gegensatz zu Zucker keine Kalorien. Stevia hat eine bis zu 450-fache Süßkraft gegenüber Zucker und ist als Streupulver oder in Tablettenform erhältlich. Ich ersetze immer ein Drittel oder ein Viertel des Zuckers durch Stevia. Bei der Dosierung aber immer auf die Angaben des Herstellers achten – sie variieren stark!

FETTE

Tierische Fette möglichst sparsam verzehren; pflanzliche Fette sollten bevorzugt werden. Dies gilt für sichtbare wie unsichtbare Fette. Diese sind wichtig für eine gesunde Ernährung und können die Gewichtsabnahme unterstützen.

PILZE

Pilze sollte man nicht unbedingt waschen, da sie sich sonst zu sehr mit Wasser vollsaugen und damit an Geschmack verlieren. Also besser nur mit einem Pinsel abbürsten.

BRATEN

Beim Braten von Fleisch, Fisch und Eiern (das darf aber nicht paniert sein!) verwende ich kein Fett oder Öl, sondern Mineralwasser. Zuerst ein wenig Mineralwasser (etwa die gleiche Menge wie vorher Fett/Öl) in eine Teflonpfanne geben. Wenn das Wasser dampft, das Gargut dazugeben. Man kann Fleisch vorher wie gewohnt würzen – ich würze es mit Sojasauce. Sie ersetzt alle anderen Gewürze, ist fettfrei und gibt dem Fleisch eine schöne Bräune. Das ist vor allem bei Geflügel sehr zu empfehlen, weil Geflügelfleisch sonst relativ hell bleibt. Das Fleisch sollte man in der Pfanne so braten, wie es auch in Fett gemacht wird. Wenn das Wasser vollständig verdampft ist, ein wenig Wasser nachgießen. Das Fleisch zwischendurch wenden. Das Fleisch sollte nie im Wasser schwimmen, da es sonst trocken und geschmacklos wird. Also braten, nicht kochen. Ein weiterer Vorteil dieser Methode ist: Es spritzt nicht.

SAUCEN

Statt Saucenbinder zum Andicken kann man auch eine gekochte, geriebene Kartoffel in die Sauce rühren.
Bei Fertigsaucen immer rote Saucen auf Tomatenbasis bevorzugen; sie sind fettarm. Weiße Saucen werden häufig mit Sahne oder Käse hergestellt.

BACKFORMEN

Verwenden Sie für Muffins am besten Silikonförmchen. Sie müssen im Gegensatz zu Muffinblechen nicht eingefettet werden und so lassen sich die Muffins leicht aus den Förmchen lösen.

FRÜHSTÜCK & SNACKS

0,9 Fettpunkte

MÜSLI-SHAKE

1

Die Banane schälen, Pfirsich waschen und
entsteinen, den Apfel vierteln und entkernen.
Das Obst klein schneiden.

2

Das Obst mit der Milch im Mixer pürieren
und mit Zitronensaft abschmecken. Die Haferflocken dazugeben und unterrühren.

Für 2 Personen

Zutaten:
½ Banane
1 Pfirsich
¼ Apfel
300 ml Milch (0,3 % Fett)
Zitronensaft nach Geschmack
30 g Dinkelhaferflocken

 **6 Fettpunkte**

MÜSLI

1

Cornflakes und Dinkelflocken in eine Schüssel
geben. Die Walnüsse klein hacken.

2

Den Apfel waschen, vierteln, das Kerngehäuse
herausschneiden und den Apfel in sehr kleine
Stücke schneiden.

3

Gehackte Walnüsse und Apfelstücke mit dem
Joghurt vermischen und über die Cornflakes
und Dinkelflocken geben. Alles gut vermischen
und nach Geschmack süßen.

Für 1 Person

Zutaten:
20 g Cornflakes
20 g Dinkelflocken
2 Walnüsse
1 kleiner Apfel
100 g Joghurt (0,1 % Fett)
Zucker/Süßstoff

FRÜHSTÜCK & SNACKS

1 Fettpunkt

QUARKWÖLKCHEN

Für 1 Person

Zutaten:
250 g Quark (0,3 % Fett)
Mineralwasser
ca. 150 g Obst nach Wahl
(z. B. Apfel, Birne)
1 Eiweiß
Zucker/Süßstoff

1
Den Quark mit so viel Mineralwasser cremig rühren, bis er die gewünschte Konsistenz hat. Das Obst waschen, entkernen und klein schneiden. Das Eiweiß steif schlagen.

2
Den Quark mit dem Obst vermischen. Nach Geschmack süßen. Das Eiweiß vorsichtig unter die Quark-Obst-Mischung heben.

 **3 Fettpunkte**

SCHOKOKUSSBRÖTCHEN

Für 1 Person

Zutaten:
1 Brötchen
1 Schokokuss

1
Das Brötchen der Länge nach aufschneiden. Den ganzen Schokokuss auf die untere Hälfte des Brötchens stellen.

2
Die obere Hälfte des Brötchens auf den Schokokuss legen und beide Teile des Brötchens so zusammendrücken, dass man davon abbeißen kann.

0,7 Fettpunkte

KNUSPERSNACK

1
Das Knäckebrot in kleine, mundgerechte
Stücke brechen und den Joghurt daraufgeben.

2
Die Beeren in der Mikrowelle oder im Topf
leicht erwärmen, bis etwas Saft ausläuft.
Über den Joghurt geben und nach Geschmack
süßen.

Für 1 Person

Zutaten:
3 Scheiben Knäckebrot
(z. B. Roggen dünn)
125 g Joghurt
(0,1 % Fett, stichfest)
150 g Beerenmischung
(tiefgekühlt)
etwas Zucker oder
Stevia-Streusüße

FRÜHSTÜCK & SNACKS

TIPP

Stevia wird
aus einer Pflanze gewonnen,
die seit über 500 Jahren in
Mittelamerika von den Indianern
als Heilpflanze und zum Süßen ver-
wendet wird. Seit Kurzem ist Stevia
auch in Deutschland als Süßungsmittel
zugelassen. Im Gegensatz zum Zucker
hat Stevia keine Kalorien. Stevia ist als
Streusüße oder in Tablettenform erhältlich. Sie hat eine bis zu
450-fache Süßkraft gegen-
über Zucker.

 **3,5 Fettpunkte**

WELTMEISTERBRÖTCHEN

Für 10 Brötchen

Zutaten:
1 Ei
250 g Quark (0,5 % Fett)
Salz
75 ml Mineralwasser
360 g Weizenvollkornmehl
1 Päckchen Trockenhefe
50 g geschälte Sonnenblumen-
kerne

1
Das Ei und den Quark mit 1 TL Salz und dem Mineralwasser glatt rühren.

2
Das Mehl mit der Trockenhefe vermischen und mit der Quark-Ei-Mischung gründlich verkneten. An einem warmen Ort ca. 30 Minuten gehen lassen.

3
Vom Teig 10 gleich große Portionen abnehmen und zu Brötchen formen. Die Sonnenblumen-kerne auf einen Teller verteilen und die Bröt-chen mit der Unterseite hineindrücken. Erneut kurz gehen lassen.

4
Den Backofen auf 200 °C vorheizen. Die Brötchen auf ein mit Backpapier ausgelegtes Backbleck legen und nach Belieben auf der Oberseite längs einschneiden. Im vorgeheizten Ofen etwa 20 bis 25 Minuten goldbraun backen.

 **5 Fettpunkte**

KLEINES FRÜHSTÜCK

1

Das Brötchen aufschneiden. Beide Hälften mit Frischkäse bestreichen.

2

Auf die eine Brötchenhälfte Marmelade bzw. Honig streichen, auf die andere Hälfte die Scheibe Käse legen. Dazu Kaffee oder Tee servieren.

Für 1 Person

Zutaten:

1 Roggenbrötchen

20 g Frischkäse (5 % Fett)

2 TL Marmelade oder Honig

1 Scheibe Schmelzkäse

(12 % Fett)

Kaffee oder Tee

FRÜHSTÜCK & SNACKS

 **13,5 Fettpunkte**

AMERIKANISCHES FRÜHSTÜCK

Für 1 Person

Zutaten:

50 g roher Schinken (3 % Fett)

5 g Butter

1 Ei

2 Eiweiß

Salz und Pfeffer

1 EL Mineralwasser

1 Scheibe Toastbrot

2 TL Honig

200 ml Orangensaft

(ohne Zuckerzusatz)

Kaffee

1
Den Schinken in Streifen schneiden. Die Butter in eine Pfanne geben und schmelzen lassen. Den Schinken in der Butter knusprig rösten.

2
Das Ei mit dem Eiweiß in eine Schüssel geben und mit dem Schneebesen gut verquirlen. Mit Salz und Pfeffer würzen.

3
Das Mineralwasser in eine Teflonpfanne gießen und heiß werden lassen. Die verquirlte Eimasse in die Pfanne geben. Die Eier unter ständigem Rühren stocken lassen.

4
Das Toastbrot rösten und mit Honig beträufeln. Mit dem Schinken und dem Rührei anrichten. Orangensaft und Kaffee dazu servieren.

 **9,2 Fettpunkte**

BLECHPFANNKUCHEN

1

Den Backofen auf 180 °C (Umluft) vorheizen.
Das Ei trennen. Mehl, 1 Prise Salz, Milch und
Eigelb glatt rühren. Das Eiweiß steif schlagen
und unterheben.

2

Den Teig auf ein mit Backpapier ausgelegtes
Backblech gießen und auf der mittleren Schiene im vorgeheizten Ofen ca. 18 Minuten
backen.

3

Den Pfannkuchen je nach Geschmack mit Marmelade oder Apfelmus bestreichen.

Für 1 Portion

Zutaten:
1 Ei
150 g Mehl
Salz
230 ml Milch (0,3 % Fett)

FRÜHSTÜCK & SNACKS

 6,5 Fettpunkte

EIERPFANNKUCHEN

Für 4 Personen

Zutaten:

2 Eier

2 Eiweiß

4 TL Mehl

Salz

15 g Bratcreme (72 % Fett)

Ahornsirup/Marmelade

1

Eier, Eiweiß, Mehl, 4 TL Wasser und 1 Prise Salz verrühren. Ein Waffeleisen mit etwas Bratcreme einpinseln.

2

Die Eimasse portionsweise dünn einfüllen und goldbraun backen. Alternativ eine Teflonpfanne mit etwas Bratcreme einpinseln und die Pfannkuchen darin nacheinander goldbraun backen.

3

Die Pfannkuchen mit etwas Ahornsirup oder Marmelade bestreichen und noch warm servieren.

TIPP

Wenn Sie statt Bratcreme Öl (100 % Fett) oder Margarine (80 % Fett) verwenden, erhöht sich sich der Fettpunkte-Anteil auf 7,5 für Öl oder 6,8 für Margarine.

 **5,5 Fettpunkte**

TOAST HAWAII

1

Den Backofen auf 180 °C vorheizen. Das Toastbrot toasten.

2

Mit der Mayonnaise bestreichen und die Schinkenscheibe darauflegen. Darauf die Ananasscheibe und den Schmelzkäse legen.

3

Den Toast im vorgeheizten Ofen überbacken, bis der Käse geschmolzen ist.

Für 1 Person

Zutaten:
1 Scheibe Toastbrot
10 g Mayonnaise (4,9 % Fett)
1 Scheibe gekochter Schinken
(ca. 20 g)
1 Scheibe Ananas (aus der Dose)
1 Scheibe Schmelzkäse (12 % Fett)

 **10,3 Fettpunkte**

FARMER-WRAPS

1

Eisbergsalat und Schnittlauch waschen, trocken schütteln und in feine Streifen schneiden. Die Frühlingszwiebeln putzen und klein schneiden. Den Schinken in Streifen schneiden.

2

Die Tortilla-Wraps in einer Pfanne ohne Fett kurz von beiden Seiten erhitzen.

3

Den Farmersalat auf die Fladen verteilen (je 75 g Salat) und verstreichen. Salat, Schnittlauch, Zwiebeln und Schinken daraufgeben.

4

Die Wraps fest einrollen, an den Enden mit Folie umwickeln und schräg durchschneiden.

Für 4 Personen

Zutaten:
½ Eisbergsalat
½ Bund Schnittlauch
3 Frühlingszwiebeln
2 Scheiben gekochter Schinken
(3 % Fett, à 20 g)
1 Packung Tortilla-Wraps (4 St.)
300 g Farmersalat (11 % Fett)

FRÜHSTÜCK & SNACKS

 **2,8 Fettpunkte**

GEMÜSE-PUTEN-SANDWICH

Für 1 Person

Zutaten:

2 Salatblätter

2 EL Sprossen (aus dem Glas)

2 Scheiben Salatgurke

¼ rote Paprikaschote

1 TL Milch (0,1 % Fett)

½ TL Meerrettich (aus dem Glas)

1 EL Frischkäse (5 % Fett)

Pfeffer

2 Scheiben Vollkornbrot (à 50 g)

2 Scheiben Putenbrust (à 20 g)

1
Die Salatblätter waschen und trocken tupfen. Sprossen abtropfen lassen. Gurkenscheiben waschen oder schälen. Paprika entkernen, waschen und in feine Streifen schneiden.

2
Milch, Meerrettich und Frischkäse verrühren und mit Pfeffer abschmecken. Die Brotscheiben mit der Käsemasse bestreichen.

3
Eine Scheibe Brot mit Putenbrust, Salatblättern, Gurkenscheiben, Sprossen und Paprika belegen. Die zweite Brotscheibe darauflegen. Das Sandwich diagonal in der Mitte durchschneiden.

 **4,0 Fettpunkte**

GEFÜLLTE PAPRIKA

1

Die Paprika halbieren, entkernen und waschen.
Mit Küchenpapier trocken tupfen.

2

Das Tatar salzen und pfeffern. Jede Papri-
kahälfte mit einer anderen Zutat füllen: Tatar,
Frischkäse, Schmelzkäse und Kräuterquark.
Mit Petersilie dekorieren.

Für 2 Personen

Zutaten:

2 große rote Paprikaschoten

30 g Tatar

Salz und Pfeffer

30 g Frischkäse mit Gemüse
(12 % Fett)

30 g Schmelzkäse (9 % Fett)

30 g Kräuterquark (2,4 % Fett)

frische Petersilie

SMOOTHIES & FAST FOOD

0,0 Fettpunkte

GRÜNE SMOOTHIES

Grüne Smoothies bestehen aus 50 % Früchten und 50 % Pflanzengrün. Außerdem kommt Wasser dazu. Sie schmecken NICHT nach Blattgemüse. Der Obstgeschmack überdeckt ihn! Der grüne Smoothie behält gekühlt seine Inhaltsstoffe für etwa drei Tage. Er beugt Heißhungerattacken vor! Smoothies sollten separat getrunken werden. Keinesfalls mit Milchprodukten kombinieren, da Milch die Aufnahme vieler Stoffe verhindert.

Nur die grünen Smoothies ohne Milch herstellen, Obst-Smoothies kann man mit Milchprodukten zubereiten!

Zur Herstellung der Smoothies braucht man einen leistungsstarken Standmixer.

Wenn es sich um Obst-Smoothies handelt, kann man einen guten Stabmixer verwenden.

Alle hier aufgeführten Smoothies enthalten 0 FP!

KOHLRABIBLÄTTER-SMOOTHIE
(ergibt 1,5 l)

Die grob zerkleinerten Blätter von 1 Kohlrabi mit 1 geschälten Banane, 1 geschälten Mango (ohne Kern), 1 Birne (ungeschält, mit Kerngehäuse), 1 weichen getrockneten Dattel (ohne Kerne) und 600 ml kaltem Wasser pürieren.

PETERSILIEN-SMOOTHIE

(ergibt 1,5 l)

1 Bund glatte Petersilie waschen, trocken schütteln, die Blätter abzupfen und grob zerkleinern.
½ Ananas schälen und zerkleinern.
1 kleine Mango schälen und den Kern entfernen.
1 Banane schälen.
1 weiche getrocknete Dattel (ohne Kern). Alles mit 600 ml kaltem Wasser pürieren.

MÖHRENGRÜN-SMOOTHIE

(ergibt 1,5 l)

Das Grün von 1 Bund Möhren grob zerkleinern und mit 1 geschälten Banane, 250 g geputzten Erdbeeren, 1 geschälten Kiwi, 1 ungeschälten Apfel (mit Kerngehäuse) und 600 ml kaltem Wasser pürieren.

SPINAT-SMOOTHIE

(ergibt 1,5 l)

250 g gewaschenen Spinat, 1 geschälte Banane, 1 ungeschälten Apfel (mit Kerngehäuse), 1 geschälte Orange, 250 g Himbeeren (frisch oder tiefgekühlt) mit 600 ml kaltes Wasser pürieren.

Nie-wieder-dick-Smoothie

(ergibt 1,5 l)

300 g Feldsalat, gewaschen und grob zerkleinert, ½ geschälte Ananas,
½ geschälte Mango (ohne Kern), 1 geschälte Orange, 1 weiche,
getrocknete Dattel (entkernt) mit 600 ml kaltem Wasser pürieren.

Ananas-Smoothie

(ergibt 800 ml)

½ geschälte Ananas, 1 ungeschälte Birne (mit Kerngehäuse),
150 g Himbeeren (tiefgekühlt), etwas Vanillemark mit 300 ml kaltem
Wasser pürieren.

Mango-Smoothie

(ergibt 800 ml)

½ geschälte Mango (ohne Kern), 1 ungeschälten Apfel (mit Kerngehäuse),
2 geschälte Kiwi mit 300 ml kaltem Wasser pürieren.

Pfirsich-Smoothie

(ergibt 800 ml)

2 Pfirsiche (ohne Kern), 1 geschälte Banane, 1 ungeschälte Birne
(mit Kerngehäuse) mit 300 ml kaltem Wasser pürieren.

SMOOTHIES & FAST FOOD

ORANGEN-SMOOTHIE
(ergibt 800 ml)

2 geschälte Orangen, 1 geschälte Banane, 250 g geputzte Erdbeeren, etwas Vanillemark mit 300 ml kaltem Wasser pürieren.

JOGHURT-SMOOTHIE
(ergibt 400 ml)

1 Pfirsich (ohne Stein), 1 geschälte Orange, 200 g Joghurt (0,1 % Fett) und 1 TL Honig pürieren.

HEIDELBEER-SMOOTHIE
(ergibt 400 ml)

250 g Heidelbeeren, 1 geschälte Banane, 1 ungeschälten Apfel (mit Kerngehäuse) mit 250 ml Wasser pürieren.

PAPAYA-SMOOTHIE
(ergibt 600 ml)

¼ geschälte Papaya, 1 dicke geschälte Scheibe Ananas, 200 g Himbeeren (frisch oder tiefgekühlt), 2 weiche getrocknete Datteln (ohne Kerne) mit 250 ml Wasser pürieren.

 **4,7 Fettpunkte**

MILCHSHAKE

1

Eis, Milch, Vanillezucker und 1 Prise Zimt mit dem Handrührgerät 1 Minute auf höchster Stufe mixen.

2

Den Milchshake in ein großes Trinkglas füllen und mit einem Strohhalm genießen.

Für 1 Person

Zutaten:

150 ml Milchspeiseeis (Schokolade oder Vanille)

50 ml Milch (0,3 % Fett)

1 Päckchen Vanillezucker

Zimt

SMOOTHIES & FAST FOOD

Probieren Sie auch mal diesen Milchshake: 100 ml Stracciatella-Milchspeiseeis mit 100 ml Milch (0,3 % Fett) und 1 Schokokuss ohne Waffel mit dem Handrührgerät 1 Minute auf höchster Stufe mixen. Den Milchshake in ein großes Trinkglas füllen und mit einem Strohhalm genießen.

 **2,8 Fettpunkte**

BRUSCHETTA

Für 4 Personen

Zutaten:
1 Vollkornbaguette (ca. 400 g)
4 große Tomaten
1 Zwiebel
150 g Kräuterfrischkäse
(0,2 % Fett)
50 ml Milch (0,3 % Fett)

1
Das Baguette in Scheiben schneiden und rösten. Die Tomaten waschen, die Zwiebel schälen. Beides in Würfel schneiden und miteinander vermischen.

2
Frischkäse mit der Milch glatt rühren und mit der Tomaten-Zwiebel-Masse vermengen. Die Masse auf den Brotscheiben verteilen.

Bruschetta ist eigentlich geröstetes Weißbrot, das mit einer Knoblauchzehe eingerieben und mit Öl beträufelt wird. Mit verschiedenen Belägen wie Tomaten oder Olivenpaste gehört Bruschetta zu den typischen italienischen Antipasti.

 **5,3 Fettpunkte**

PIZZABRÖTCHEN

1

Den Backofen auf 200 °C vorheizen. Die
Brötchen aufschneiden und jede Hälfte mit
Ketchup bestreichen. Die Brötchenunterseiten
mit Salami, Paprika, Zwiebeln und Tomaten
belegen. Zum Schluss mit Käse bestreuen.

2

Die Brötchenunterseiten im vorgeheizten
Ofen ca. 10 Minuten überbacken.
Die Oberteile danach auf das überbackene
Unterteil legen.

Für 2 Personen

Zutaten:
2 Brötchen
Ketchup light
20 g Salami light (19 % Fett)
frische Paprikastreifen
Zwiebelstückchen
Tomatenscheiben
30 g Reibekäse (16 % Fett)

SMOOTHIES & FAST FOOD

 **11,2 Fettpunkte**

PIZZA

Für 4 Personen

Zutaten:
1 Packung Pizza-Kit (z. B. von
Knack & Back)
Gemüse nach Geschmack
(z. B. Pilze, Zucchini etc.)
100 g gekochter Schinken
200 g Reibekäse (14 % Fett)

1
Den Backofen auf 220 °C vorheizen. Den
Pizzateig herausnehmen, vorsichtig abrollen
und auf ein mit Backpapier ausgelegtes Back-
blech legen. Gleichmäßig auf dem ganzen
Blech ausbreiten.

2
Das beiliegende Glas mit der Tomatensauce
öffnen und diese auf dem Teig verstreichen. In
Scheiben geschnittenes Gemüse nach Wahl
darauf verteilen.

3
Je ein Viertel des Bleches mit einer großen
Scheibe gekochtem Schinken belegen. Zum
Schluss alles mit dem Käse bestreuen. Die
Pizza im vorgeheizten Ofen 20 Minuten ba-
cken. Zum Servieren in 4 Stücke schneiden.

 ① ② ③ ④ ⑤ ⑥ ⑦ **6,8 Fettpunkte**

DÖNER LIGHT

1

Das Fladenbrot in 4 Teile schneiden. Den Krautsalat in ein Sieb geben, damit die Flüssigkeit abtropfen kann. Den Krautsalat in eine Schüssel geben und mit dem Joghurt vermischen. Bei Bedarf mit Salz und Pfeffer nachwürzen.

2

Den Fetakäse in Würfel schneiden. Die Hähnchenbrust in schmale Streifen schneiden und in ganz wenig Mineralwasser in einer Pfanne anbraten. Einen Schuss Sojasauce dazugeben und knusprig braten.

3

Krautsalat, Fetakäse, Hähnchenbrust und Fladenbrot in Schüsseln oder Tellern separat anrichten. So kann sich jeder seinen Döner nach Geschmack füllen.

Für 4 Personen

Zutaten:
1 großes Fladenbrot (ca. 500 g)
ca. 750 g Krautsalat
500 g Joghurt (0,1 % Fett)
Salz und Pfeffer
150 g Fetakäse (9,5 % Fett)
250 g Hähnchenbrust
Sojasauce

SMOOTHIES & FAST FOOD

 5,0 Fettpunkte

GEMÜSE-DÖNER MIT FETA

Für 4 Personen

Zutaten:

1 mittelgroßer Zucchino

2 bunte Paprikaschoten (rot und gelb)

1 Zwiebel

1 TL Thymian

Salz und Pfeffer

Cayennepfeffer

150 g Fetakäse light (9,5 % Fett)

500 g Joghurt (0,1 % Fett)

1 großes Fladenbrot

1
Das Gemüse putzen, falls nötig entkernen, waschen und in Stifte schneiden. Die Zwiebel schälen und fein hacken.

2
Das Gemüse in einer beschichteten Pfanne in wenig Mineralwasser ca. 5 bis 6 Minuten dünsten und mit Thymian, Salz, Pfeffer und Cayennepfeffer abschmecken.

3
Den Fetakäse zerbröckeln und zwei Drittel unter den Joghurt rühren. Mit Salz und Pfeffer abschmecken.

4
Das Fladenbrot in 4 Stücke schneiden. Jeweils eine Tasche in das Brot schneiden und mit dem Gemüse füllen. Die Joghurtsauce daraufgeben und den restlichen Feta und Cayennepfeffer daraufstreuen.

 **7,9 Fettpunkte**

KARTOFFELSALAT MIT WÜRSTCHEN

1
Die Kartoffeln in der Schale gar kochen, abkühlen lassen, pellen und in Scheiben schneiden.

2
Miracel Whip mit etwas Milch verrühren. Die Gurke in kleine Stücke schneiden. Kartoffelscheiben und Gurkenstücke in die Mayonnaise geben und etwas durchziehen lassen.

3
Die Würstchen in Wasser erwärmen und zum Kartoffelsalat reichen.

Für 2 Personen

Zutaten:
600 g Kartoffeln
200 g Miracel Whip (4,9 % Fett)
etwas Milch (0,3 % Fett)
1 eingelegte saure Gurke
2 Wiener Würstchen (5 % Fett, z. B. von Viva Vital)

 **13,3 Fettpunkte**

FISCHSTÄBCHEN UND POMMES

Den Backofen auf 200 °C vorheizen. Die Fischstäbchen und Pommes auf ein mit Backpapier ausgelegtes Backblech legen und im vorgeheizten Ofen 20 Minuten knusprig backen.

Für 1 Person

Zutaten:
3 Fischstäbchen
200 g Pommes (3 % Fett)

SMOOTHIES & FAST FOOD

 **6,5 Fettpunkte**

HAMBURGER

Für 1 Person

Zutaten:

1 Roggenbrötchen
1 kleines Stück Salatgurke
1 kleine Zwiebel
30 g Tatar
Salz und Pfeffer
2 g Öl
2 Scheiben Tomate
Senf
Ketchup light

1
Das Brötchen aufschneiden. Die Gurke waschen und in 4 Scheiben schneiden. Die Zwiebel schälen und klein hacken.

2
Das Tatar mit Salz, Pfeffer und einem Teil der Zwiebelstücke vermischen. Zu einem flachen Klops formen.

3
Eine Pfanne mit dem Öl einpinseln, heiß werden lassen und das Fleisch darin braten. Das Fleisch auf die untere Brötchenhälfte legen. Mit Gurken- und Tomatenscheiben sowie restlichen Zwiebeln belegen. Senf und Ketchup nach Geschmack darauflegen und alles mit der zweiten Brötchenhälfte bedecken.

 **8,3 Fettpunkte**

HOTDOG

1

Das Brötchen der Länge nach aufschneiden.
Das Würstchen in etwas Wasser erwärmen.

2

Die Zwiebel schälen, in kleine Stücke schneiden und im Öl knusprig braun braten.

3

Die untere Brötchenhälfte mit der Mayonnaise
bestreichen. Die obere Brötchenhälfte mit
Senf bestreichen. Das Würstchen auf die untere Brötchenhälfte legen, Gurkenscheiben und
Zwiebeln darauflegen und Ketchup daraufgeben. Mit der oberen Brötchenhälfte bedecken.

Für 1 Person

Zutaten:
1 Brötchen
1 Wiener Würstchen (5 % Fett)
1 kleine Zwiebel
1 TL Öl
20 g Mayonnaise (5 % Fett)
Senf
5 Gurkenscheiben
Ketchup light

SMOOTHIES & FAST FOOD

DIPS & SAUCEN

1,8 Fettpunkte

TSATSIKI

1

Joghurt und Quark in eine Schüssel geben und glatt rühren, eventuell etwas Milch (0,3 % Fett) unterrühren.

2

Die Gurke schälen und fein raspeln, dann unter die Joghurtmasse heben. Den Knoblauch schälen und dazupressen.

3

Alles miteinander vermischen und mit Salz und Pfeffer abschmecken. Nach Belieben frisch gehackte Kräuter dazugeben. Das Tsatsiki mindestens 2 Stunden ziehen lassen, dann nochmals abschmecken.

Für 1 Portion

Zutaten:

500 g Joghurt (0,1 % Fett)

250 g Quark (0,5 % Fett)

1 Salatgurke

2 Knoblauchzehen

Salz und Pfeffer

Kräuter, z. B. Dill

DIPS & SAUCEN

TIPP

Tsatsiki wird traditionell zu Gyros serviert, ist aber auch ein leckerer Brotaufstrich. Die Menge würde als Beilage für 3 bis 4 Personen reichen.

 **13,5 Fettpunkte**

FETA-DIP

Für 1 Portion

Zutaten:
180 g Fetakäse light (9 % Fett)
100 ml Milch (0,3 % Fett)
50 g grüne Oliven
Salz und Pfeffer
Kräuter, z. B. Oregano

1
Den Fetakäse mit einer Gabel zerdrücken und mit der Milch glatt rühren.

2
Die Oliven entsteinen und sehr klein schneiden. Oliven in die Käsemasse geben und untermischen. Nach Geschmack mit Salz und Pfeffer sowie Kräutern nach Belieben würzen.

TIPP

Als Aufstrich oder Dip reicht die Menge für ca. 3 bis 4 Personen. Die Fettpunkte-Anzahl dann entsprechend umrechnen.

1,0 Fettpunkte

PAPRIKA-FRISCHKÄSE-DIP

1

Die Paprika putzen, entkernen, waschen und sehr klein schneiden. Den Frischkäse mit der Paprika vermischen und eventuell mit etwas Milch glatt rühren.

2

Das Mango-Chutney unterrühren und mit Salz, Pfeffer und Paprika abschmecken.

Für 1 Portion

Zutaten:
2 rote Paprikaschoten
400 g Frischkäse (0,2 % Fett)
1 kleines Glas Mango-Chutney (ca. 135 g)
Salz und Pfeffer
Paprikapulver

DIPS & SAUCEN

 **4,0 Fettpunkte**

CINDERELLAS DIP

Für 4 Personen

Zutaten:

1 rote Paprikaschote
6 kleine Bärlauch-Gurken
1 kleine Dose Mais (ca. 200 g)
1 große Tomate
100 g Mayonnaise (4,9 % Fett)
100 g Remoulade (4,9 % Fett)
50–100 ml Milch (0,3 % Fett)
Salz und Pfeffer
6 EL Gurkensud

1
Die Paprika putzen, entkernen, waschen und in kleine Würfel schneiden. Die Gurken abtropfen lassen und ebenfalls in kleine Würfel schneiden. Den Mais abtropfen lassen.

2
Die Tomate waschen, halbieren und die Kerne entfernen. Die Tomate in kleine Würfel schneiden.

3
Die Mayonnaise, Remoulade und Milch verrühren. Mit Salz und Pfeffer würzen.

4
Paprika, Gurken, Mais und Tomate in einer Schüssel vermischen. Die Mayonnaise-Remouladen-Mischung und den Gurkensud darübergießen. Alles gut vermischen. Am besten einige Stunden ziehen lassen.

 **5,0 Fettpunkte**

BAYERISCHER KARTOFFELKÄSE

1

Die Kartoffeln mit der Schale sehr weich kochen. Abschrecken, pellen und zerstampfen oder durch die Kartoffelpresse drücken. Mit Salz, Pfeffer und dem Olivenöl vermischen und ein wenig abkühlen lassen.

2

Die Zwiebel schälen und in kleine Würfel schneiden. In wenig Mineralwasser anbraten. Schnittlauch waschen, trocken schütteln und klein schneiden.

3

Kartoffeln mit Zwiebeln, Kräutern und Zitronenschale vermischen. Die saure Sahne unterrühren. Mit Salz und Pfeffer würzig abschmecken. Den Aufstrich auf herzhaftem Bauernbrot genießen.

Für 4 Personen

Zutaten:
500 g mehligkochende Kartoffeln
Salz und Pfeffer
2 TL Olivenöl
1 rote Zwiebel
1 Bund Schnittlauch
½ TL abgeriebene Zitronenschale (unbehandelt)
100 g saure Sahne (10 % Fett)

DIPS & SAUCEN

 **4,5 Fettpunkte**

HÄHNCHENAUFSTRICH

Für 1 Portion

Zutaten:
500 g Quark (0,5 % Fett)
Senf nach Belieben
Mineralwasser
Salz und Pfeffer
Paprikapulver
100 g Hähnchenaufschnitt
½ rote Paprikaschote

1
Den Quark mit etwas Senf und 1 Schuss Mineralwasser verrühren. Mit Salz, Pfeffer und Paprikapulver würzen.

2
Den Hähnchenaufschnitt klein schneiden und dazugeben. Die Paprika entkernen, waschen und klein schneiden. Ebenfalls dazugeben und alles vorsichtig verrühren.

Dieser Aufstrich reicht für etwa 4 Personen. Den FP-Anteil dann entsprechend berechnen.

 **5,0 Fettpunkte**

SALATDRESSING

1

Die Tomaten waschen und klein schneiden.
Die Zwiebel schälen und in Würfel schneiden.
Die Radieschen putzen, waschen und klein
schneiden.

2

Die Zitronenmelisse und den Schnittlauch waschen, trocken schütteln und ebenfalls klein
schneiden. Tomaten, Zwiebel, Radieschen und
Kräuter vermischen.

3

Öl, Essig, 1 bis 2 TL Salz, Süßstoff und etwas
Wasser vermischen und dazugeben. Alles gut
durchziehen lassen.

Für 1 Portion

Zutaten:
6 Kirschtomaten
1 Zwiebel
6 Radieschen
einige Blätter Zitronenmelisse
einige Schnittlauchhalme
1 TL Öl
4–6 TL Essig
Salz
1–2 TL flüssiger Süßstoff

DIPS & SAUCEN

TIPP

**Die Menge reicht
aus für 1 Kopfsalat.
Das Dressing erst
kurz vor dem Servie-
ren mit dem Salat ver-
mischen, sonst werden
die Blätter welk.**

0,0 Fettpunkte

BALSAMICODRESSING

Für 1 Portion

Zutaten:

3 getrocknete Feigen

100 ml weißer Balsamico-Essig

200 ml dunkler Balsamico-Essig

2 TL Senf

1 EL Zucker

Die Feigen klein schneiden. Weißen und dunklen Balsamico mit Senf, Zucker und Feigen zu einem Dressing mixen.

Die Menge reicht für einen gemischten Salat mit Rucola, Tomaten etc. für 4 Personen. Das Dressing hält sich gut verschlossen einige Zeit in einem Schraubglas im Kühlschrank.

0,2 Fettpunkte

JOGHURTDRESSING

1

Den Joghurt mit der Milch glatt rühren.

2

Die Kräuter unterrühren und mit Salz, Pfeffer und Paprika würzen.

Für 1 Portion

Zutaten:

100 g Joghurt (0,1 % Fett)

etwas Milch (0,3 % Fett)

1 EL gemischte Kräuter (frisch oder tiefgekühlt)

Salz und Pfeffer

Paprikapulver

DIPS & SAUCEN

TIPP

Joghurt-
dressing passt
gut zu knackigen
Salaten wie Frisée
oder zu Rohkost-
salaten.

0,3 Fettpunkte

SCHNELLE HELLE SAUCE

Für 1 Portion

Zutaten:

1 Zwiebel

2 EL Speisestärke

250 ml Milch (0,1 % Fett)

Instant-Gemüsebrühe

Salz und Pfeffer

1
Die Zwiebel schälen und in kleine Würfel schneiden. In einer Pfanne in wenig Mineralwasser andünsten.

2
Die Speisestärke mit etwas Milch glatt rühren. Die restliche Milch und die Stärkemischung nach und nach zu den Zwiebeln in die Pfanne geben. Einmal aufkochen lassen.

3
Instant-Brühe nach Geschmack dazugeben und mit Salz und Pfeffer abschmecken

Die schnelle Sauce passt zu Gemüse wie Blumenkohl oder Brokkoli und zu Salzkartoffeln.

 **8,2 Fettpunkte**

TOMATEN-ZWIEBEL-SAUCE

1

Die Tomaten waschen und vierteln. Die Zwiebel schälen und klein schneiden. Beides mit etwas Wasser im Topf andünsten und 10 bis 15 Minuten in der Nachwärme fertig garen.

2

Margarine erhitzen, das Mehl dazugeben mit der Brühe unter Rühren ablöschen. Die Tomaten-Zwiebel-Mischung unterrühren, aufkochen und 5 Minuten in der Nachwärme fertig garen.

3

Mit Zucker, Salz und Paprika abschmecken.

Für 1 Portion

Zutaten:
375 g Tomaten
1 Zwiebel
10 g Margarine
20 g Mehl
500 ml Gemüsebrühe
Zucker
Salz
Paprikapulver

DIPS & SAUCEN

 **5,0 Fettpunkte**

TOMATENSAUCE (SUPER FETTARM)

1

Die Zwiebel schälen und in kleine Würfel schneiden. Im Öl andünsten. Die Tomaten dazugeben und 10 Minuten köcheln lassen.

2

Die Sauce mit Salz, Pfeffer, Paprika, Oregano, Thymian und etwas Zucker oder Süßstoff abschmecken. Mit dem Stabmixer zu einer glatten Sauce pürieren.

Für 1 Portion

Zutaten:
1 Zwiebel, 1 TL Öl
1 Dose geschälte Tomaten (400 g)
Salz und Pfeffer, Paprikapulver
getrockneter Oregano und Thymian
etwas Zucker oder Süßstoff

0,0 Fettpunkte

SÜSSSAURE SAUCE À LA TOMMA

Für 1 Portion

Zutaten:
425 g passierte Tomaten
(aus der Dose)
etwas Sojasauce
etwas Ketchup light
850 g Ananasstücke
(aus der Dose)
Salz und Pfeffer

1
Die Tomaten mit etwas Sojasauce und Ketchup mit dem Stabmixer verrühren.

2
Die Ananasstücke abtropfen lassen, dabei die Flüssigkeit auffangen. Die Ananas und drei Viertel Ananassaft unter die Tomaten rühren. Mit etwas Salz und Pfeffer nachwürzen.

TIPP

Die Sauce passt zu Reisgerichten.

 **3,2 Fettpunkte**

KÄSESAUCE

1

Die Milch erwärmen und den Käse unterrühren, bis er geschmolzen ist.

2

Instant-Brühe nach Geschmack dazugeben.
Petersilie und Schnittlauch waschen, trocken
schütteln und klein schneiden. Zur Sauce
geben und unterrühren.

Für 1 Portion

Zutaten:

200 ml Milch (0,1 % Fett)

30 g Schmelzkäse (9 % Fett)

Instant-Gemüsebrühe

einige Petersilienstiele

einige Schnittlauchhalme

DIPS & SAUCEN

Die Sauce
passt zu
Nudeln oder
Gemüse.

0,8 Fettpunkte

BIANCAS KRÄUTERSAUCE

Für ca. 500 ml Sauce

Zutaten:
40 g Mehl
125 ml Milch (0,3 % Fett)
Salz und Pfeffer
1 TL Schnittlauchröllchen
1 TL gehacktes Basilikum
1 TL gehackte Petersilie
1 TL gehackter Salbei
Salz und Pfeffer

1
Mehl und 375 ml Wasser verrühren. In einen Kochtopf geben und unter ständigem Rühren erhitzen.

2
Die Milch dazugeben und unter ständigem Rühren die Kräuter nach und nach dazugeben und unterrühren.

3
Aufkochen und 5 Minuten in der Nachwärme ziehen lassen. Mit Salz und Pfeffer abschmecken.

Die Kräutersauce passt zu Fisch und Gemüse.

0,5 Fettpunkte

HELLE GRUNDSAUCE

1

Die Brühe erhitzen. Speisestärke mit Milch verquirlen, erhitzen und unter ständigem Rühren 30 Sekunden aufkochen.

2

Milchmischung in die Brühe geben und 1 bis 2 Minuten in der Nachwärme fertig garen. Mit Salz und Pfeffer abschmecken.

Für ca. 500 ml Brühe

Zutaten:

375 ml Brühe

20 g Speisestärke

125 ml Milch (0,3 % Fett)

Salz und Pfeffer

TIPP

Die helle Grundsauce eignet sich für Kräuter-, Senf- oder Käsesaucen, zu Gemüse, Fisch oder kurz gebratenem Fleisch.

0,5 Fettpunkte

SAUCENFOND

Für 2 Liter

Zutaten:

1 Zwiebel

1 Tomate

1 Packung Suppengrün, tiefgekühlt (ca. 300 g)

1 TL Tomatenmark

1 Lorbeerblatt

500 ml Rinderbrühe

etwas Nelkenpulver

Salz und Pfeffer

getrockneter Thymian und Rosmarin

1
Die Zwiebel schälen und vierteln, Tomate waschen und ebenfalls vierteln.

2
Zwiebel, Tomate, Suppengrün, Tomatenmark
und Lorbeerblatt in die Brühe geben. Einmal
aufkochen. 1 ½ l Wasser dazugießen und
30 Minuten köcheln lassen.

3
Danach alles durch ein Sieb passieren und ein
paar Minuten einkochen lassen. Mit Nelkenpulver, Salz, Pfeffer, Thymian und Rosmarin
abschmecken.

TIPP

Der
Saucenfond
ist die Grundlage
für Suppen und die
Basis für Braten-
saucen.

 **5,2 Fettpunkte**

BIRTES GRILLMARINADE

1

Zwiebel und Knoblauch schälen und fein hacken.

2

Joghurt, Senf, Honig und Öl vermischen und mit der Sojasauce, Salz, Pfeffer und Curry abschmecken.

3

Zwiebel und Knoblauch dazugeben. Das Grillfleisch darin einlegen. Mindestens 30 Minuten, am besten aber über Nacht im Kühlschrank ziehen lassen.

Für ca. 1 kg Fleisch

Zutaten:
1 Zwiebel
2 Knoblauchzehen
150 g Joghurt (0,1 % Fett)
2 EL Senf
2 EL Honig
1 TL Öl
etwas Sojasauce
Salz und Pfeffer
Currypulver

DIPS & SAUCEN

TIPP

Das Fleisch vor dem Braten oder Grillen gut abtropfen lassen.

VORSPEISEN & SALATE

 **2,0 Fettpunkte**

MELONE MIT SCHINKEN

1

Die Melone schälen, vierteln, entkernen und in mundgerechte Stücke schneiden.

2

Den Lachsschinken nach Bedarf klein schneiden und die Melonenstücke damit umwickeln.

Für 2 Personen

Zutaten:

½ Melone (z. B. Galia)

200 g Lachsschinken

VORSPEISEN & SALATE

TIPP

Sie können die Melone auch in Spalten schneiden und den Lachsschinken auf den Spalten anrichten.

 **5,3 Fettpunkte**

TOMATEN MIT MOZZARELLA

Für 2 Personen

Zutaten:
10 kleine Tomaten
Salz und Pfeffer
125 g Mozzarella (8,5 % Fett)
Basilikumblätter

1
Die Tomaten waschen und halbieren. Mit Salz und Pfeffer würzen. Den Mozzarellakäse in 20 kleine Scheiben schneiden. Jeweils 1 Stück auf eine Tomatenhälfte legen.

2
Die Tomaten auf ein Backblech geben und im Ofen grillen, bis der Käse leicht verläuft. Vor dem Servieren mit Basilikumblättern verzieren.

TIPP

Tomaten und Mozzarella (auch Caprese genannt) sind eine klassische italienische Vorspeise. Im Original werden Tomaten und Käse in Scheiben geschnitten und mit Balsamico und Öl serviert. Diese Variante müsste dann neu berechnet werden.

 **2,8 Fettpunkte**

SPARGEL MIT SCHINKEN

1

Den Spargel abtropfen lassen und trocken tupfen. Den Spargel in vier Portionen teilen (á 50 g).

2

Die Schinkenscheiben auf der Arbeitsfläche ausbreiten und mit der Mayonnaise bestreichen.

3

Jeweils 1 Bündel Spargel auf eine Schinkenscheibe legen und den Schinken um den Spargel wickeln. Auf einem Teller oder einer Platte anrichten.

Für 2 Personen

Zutaten:
200 g Spargel (aus dem Glas)
4 Scheiben (ca. 100 g) gekochter Schinken (3 % Fett)
50 g Mayonnaise (4,9 % Fett)

TIPP

Sie können natürlich auch frischen Spargel verwenden. Dafür den Spargel schälen, die Enden abschneiden und den Spargel in Salzwasser 15 bis 20 Minuten garen. Gut abtropfen lassen.

 **1,3 Fettpunkte**

APFEL-MÖHREN-SALAT

Für 4 Personen

Zutaten:
3–4 Äpfel
Zitronensaft
4–5 Möhren
1 TL Öl
Zucker oder flüssiger Süßstoff
Salz und Pfeffer

1
Die Äpfel schälen, vierteln, entkernen und mit Zitronensaft beträufeln. Anschließend die Äpfel fein raspeln. Die Möhren schälen und ebenfalls fein raspeln.

2
Öl, etwas Zitronensaft, Zucker oder Süßstoff und wenig Wasser zu einer Salatsauce verrühren und mit Salz und Pfeffer abschmecken.

3
Äpfel und Möhren in eine Schüssel geben. Mit der Salatsauce vermischen und 30 Minuten ziehen lassen.

 **2,7 Fettpunkte**

KRAUTSALAT MIT FETA

1

Den Krautsalat in ein Sieb geben und den Sud gut abtropfen lassen. In einer Schüssel mit dem Joghurt vermischen.

2

Die Paprika putzen, entkernen und waschen. In kleine Würfel schneiden. Den Fetakäse ebenfalls in kleine Würfel schneiden. Die Schinkenwürfel in einer Pfanne ohne Fett scharf anbraten.

3

Paprika-, Feta- und Schinkenwürfel zum Krautsalat geben und unterrühren. Bei Bedarf mit Salz und Pfeffer abschmecken.

Für 6 Personen

Zutaten:

1 kg Krautsalat (in Öl-Wasser-Sud)
500 g Joghurt (0,1 % Fett)
1 rote Paprikaschote
100 g Fetakäse (9 % Fett)
100 g Schinkenwürfel (2 % Fett)
Salz und Pfeffer

VORSPEISEN & SALATE

 1,9 Fettpunkte

AMERIKANISCHER KRAUTSALAT

Für 6 Personen

Zutaten:
750 g Weißkohl
2 Möhren
1 grüne Paprikaschote
1 kleine Zwiebel
200 g Mayonnaise (4,9 % Fett)
50 ml Milch (0,3 % Fett)
125 g saure Sahne (10 % Fett)
1 TL Senf
Salz und Pfeffer

1
Den Weißkohl putzen, den Strunk entfernen und den Kohl waschen. Ganz fein raspeln und mit den Händen etwas durchkneten, damit die Fasern brechen und etwas Flüssigkeit austritt.

2
Die Möhren schälen, ebenfalls fein raspeln und mit dem Kohl in eine Schüssel geben. Die Paprika putzen, entkernen, waschen und in kleine Würfel schneiden. Die Zwiebel schälen, in feine Würfel schneiden und mit der Paprika zum Kohl geben.

3
Die Mayonnaise mit der Milch, der sauren Sahne und dem Senf verrühren, mit Salz und Pfeffer würzen. Die Sauce über den Salat geben und gut verrühren. Vor dem Servieren einige Stunden gut durchziehen lassen.

 **4,8 Fettpunkte**

MEXIKANISCHER NUDELSALAT

1

Die Nudeln nach Packungsanweisung in Salzwasser bissfest kochen und abkühlen lassen.

2

Die Frühlingszwiebeln putzen, waschen und in Ringe schneiden. Die Tomaten waschen und halbieren. Den Schinken klein schneiden. Die Bohnen abtropfen lassen. Die Petersilie waschen, trocken schütteln und die Blätter klein hacken.

3

Nudeln, Frühlingszwiebeln, Tomaten, Schinken und Bohnen in eine Schüssel geben. Salsasauce, Tomatensauce, 2 EL Wasser und die Petersilie vermischen und zum Salat geben. Alles gut vermischen. Den Parmesankäse darüberstreuen.

Für 4 Personen

Zutaten:
300 g Nudeln (z. B. Spiralnudeln)
Salz
1 Bund Frühlingszwiebeln
200 g Kirschtomaten
100 g gekochter Schinken
(3 % Fett)
1 kleine Dose Kidney-Bohnen
(400 g)
einige Petersilienstiele
2 EL Salsasauce
8 EL Tomatensauce
50 g geriebener Parmesankäse
(30 % Fett)

Wer es schärfer mag, gibt etwas mehr Salsasauce und weniger Tomatensauce dazu oder würzt mit Cayennepfeffer.

TIPP

 3,2 Fettpunkte

FLEISCHSALAT

Für 1 Person

Zutaten:

100 g Schinkenwurst (3 % Fett)

1–2 Gewürzgurken

1 Zwiebel

6 EL Joghurt (0,1 % Fett)

1 TL gemischte Kräuter (frisch

oder tiefgekühlt)

2 EL Gurkenwasser

Salz und Pfeffer

1

Die Schinkenwurst in kurze Streifen schneiden. Gewürzgurken abtropfen lassen und in kleine Würfel schneiden. Die Zwiebel schälen und in ganz dünne Ringe schneiden.

2

Wurst, Zwiebel und Gurken in eine Schüssel geben. Joghurt, Kräuter und Gurkenwasser vermengen und mit Salz und Pfeffer abschmecken. Joghurtsauce zum Salat geben, alles miteinander vermischen und kalt stellen.

 **4,0 Fettpunkte**

KARTOFFELSALAT

1
Die Kartoffeln mit der Schale nicht zu weich kochen und abkühlen lassen. Dann pellen und in dünne Scheiben schneiden.

2
Die Zwiebel schälen und in kleine Würfel schneiden. Die Gurken abtropfen lassen und wie den gekochten Schinken klein schneiden.

3
Die Mayonnaise mit etwas Milch cremig rühren. Alle vorbereiteten Zutaten vermengen, die Mayonnaise unterrühren und mit Salz und Pfeffer nach Geschmack würzen.

Für 2 Personen

Zutaten:
500 g Kartoffeln
1 kleine Zwiebel
2 kleine Bärlauch-Gewürzgurken
100 g gekochter Schinken
(3 % Fett)
100 g Mayonnaise (4,9 % Fett)
2–3 EL Milch (0,3 % Fett)
Salz und Pfeffer

VORSPEISEN & SALATE

 **5,2 Fettpunkte**

Reissalat

Für 4 Personen

Zutaten:

250 g Naturreis

Salz

1 kleine Zwiebel

150 g Mais (aus der Dose)

150 g Erbsen (aus der Dose)

150 g Ananasstücke (aus der Dose)

150 g Thunfisch (im eigenen Saft)

100 g Joghurt (0,1 % Fett)

250 g Mayonnaise (4,9 % Fett)

Pfeffer

1
Den Reis nach Packungsanweisung in Salzwasser garen und abkühlen lassen.

2
Die Zwiebel schälen und klein schneiden. Mais und Erbsen abtropfen lassen. Ananasstücke und Thunfisch separat abtropfen lassen, dabei den Saft auffangen.

3
Reis, Zwiebel, Mais, Erbsen, Ananas und Thunfisch miteinander vermischen, dabei den Thunfisch auseinanderzupfen.

4
Aus Joghurt und Mayonnaise, etwas Ananas- und Thunfischsaft eine Sauce herstellen und mit Pfeffer und Salz abschmecken.

5
Die Sauce über die restlichen Zutaten gießen und vermischen. Den Salat mindestens 30 Minuten ziehen lassen und nochmals abschmecken.

 **3,0 Fettpunkte**

OFENTOMATEN

1

Die Tomaten waschen, in Scheiben schneiden, dabei den Stielansatz entfernen und die Tomaten in eine Auflaufform legen. Den Backofen auf 150 °C (Umluft) vorheizen.

2

Balsamico-Essig über die Tomatenscheiben träufeln und mit Oregano, Salz und Pfeffer kräftig würzen. Die Käsescheiben auf die Tomatenscheiben legen.

3

Im vorgeheizten Ofen backen, bis der Käse verlaufen ist.

Für 4 Personen

Zutaten:
4 große Tomaten
weißer Balsamico-Essig
getrockneter Oregano
Salz und Pfeffer
4 Scheiben Schmelzkäse
(12 % Fett)

VORSPEISEN & SALATE

 **3,0 Fettpunkte**

SCHARFE BABYPAPRIKA

1

Von den Baby-Paprikaschoten einen Deckel abschneiden, die Paprika entkernen und waschen. Den Backofen auf 150 °C vorheizen.

2

Den Frischkäse mit der Chilicreme und Salsasauce glatt rühren. Die Mischung in die Paprika füllen und im vorgeheizten Ofen ca. 10 Minuten backen.

Für 1 Portion

Zutaten:
6 Baby-Paprikaschoten
100 g Frischkäse (0,2 % Fett)
1 TL Chilicreme
2 EL Salsasauce

 **6,0 Fettpunkte**

GEFÜLLTE CHAMPIGNONS

Für 2 Personen

Zutaten:
8 große Champignons
150 g Paprikafrischkäse (8 % Fett)

1
Die Pilze putzen, waschen, von den Stielen befreien und aushöhlen. Die Stiele in ganz kleine Würfel schneiden. Die geschnittenen Pilzstiele mit Paprikafrischkäse vermengen.

2
Den Frischkäse mit einem Teelöffel in die ausgehöhlten Pilze geben. Die Pilze in eine feuerfeste Form oder Aluschale legen. Auf dem heißen Grill garen oder im Backofen bei 180 °C ca. 20 bis 30 Minuten garen, bis die Käsefüllung schmilzt und die Pilze leicht braun werden.

TIPP

Am besten ist es, die Pilze nicht zu waschen, sondern nur trocken abzureiben. Beim Waschen nehmen sie zu viel Wasser auf, das den Geschmack beeinträchtigt.

 **2,9 Fettpunkte**

GEGRILLTE AUBERGINEN

1

Auberginen putzen, waschen und in dicke Scheiben schneiden. Die Scheiben ausbreiten und mit Öl einpinseln. Die Auberginen mit Salz und Pfeffer würzen. 30 Minuten ziehen lassen.

2

Die Auberginen auf ein Backblech legen und im Backofen so lange grillen, bis die Schnittflächen leicht gebräunt sind. Den Kräuterfrischkäse zu den Auberginen servieren.

Für 3 Personen

Zutaten:
2 Auberginen
1 TL Öl
Salz und Pfeffer
150 g Kräuterfrischkäse
(2,4 % Fett)

VORSPEISEN & SALATE

Suppen & Eintöpfe

1,3 Fettpunkte

GEMÜSEEINTOPF MIT WÜRSTCHEN

1

Kartoffeln schälen, waschen und in Würfel schneiden. Möhren und Lauch putzen, waschen und in Scheiben schneiden. Bohnen putzen und waschen.

2

Ca. 1 ½ bis 2 l Wasser aufkochen und Kartoffeln, Möhren und Lauch hineingeben. Mit Gemüsebrühe abschmecken. Die Bohnen hinzufügen und das Gemüse bei mittlerer Hitze köcheln lassen, bis Möhren und Kartoffeln noch bissfest sind. Die Erbsen dazugeben. Etwa 5 Minuten weitergaren und die Würstchen in der Suppe erhitzen.

Für 4 Personen

Zutaten:
300 g Kartoffeln
300 g Möhren
1 Stange Lauch
120 g grüne Bohnen
100 g junge Erbsen (tiefgekühlt)
Instant-Gemüsebrühe
4 Wiener Würstchen (3 % Fett)

SUPPEN & EINTÖPFE

TIPP

Wer den Eintopf etwas flüssiger mag, nimmt 2 l Wasser. Für einen dickeren Eintopf entsprechend weniger Wasser.

 2,5 Fettpunkte

VEGETARISCHE KOHLSUPPE

Für 4 Personen

Zutaten:

1 kleiner Weißkohl

2 Zwiebeln

1 Stange Lauch

1 Sellerieknolle

1 gelbe und 1 rote Paprikaschote

2 TL Öl

1 Dose pürierte Tomaten
(ca. 400 g)

1 l Gemüsebrühe

1 Bund Petersilie

Salz und Pfeffer

1

Den Weißkohl putzen, die harten Strünke entfernen und den Kohl klein schneiden. Zwiebeln schälen, Lauch putzen und waschen. Zwiebeln und Lauch in Stücke schneiden.

2

Sellerie und Paprikaschoten putzen und in Würfel schneiden.

3

Weißkohl, Zwiebeln und Lauch im Öl anbraten. Sellerie und Paprika hinzufügen und kurz mitdünsten.

4

Die Tomaten und die Gemüsebrühe hinzufügen. Alles etwa 15 Minuten köcheln lassen. Die Petersilie waschen, trocken schütteln, die Blätter abzupfen und hacken. Die Suppe mit Salz und Pfeffer abschmecken und zum Servieren mit Petersilie bestreuen.

 **5,3 Fettpunkte**

PAPRIKA-TOMATEN-SUPPE

1

Die Zwiebeln schälen, die Paprikaschoten putzen, entkernen und waschen. Zwiebeln und Paprika klein schneiden. Die Champignons abtropfen lassen.

2

Das Öl in einem Topf erhitzen. Zwiebeln, Paprika und Schinken etwa 3 Minuten darin andünsten. Champignons, Tomaten und Pizzagewürz dazugeben. Mit Brühe ablöschen. Alles aufkochen lassen.

3

Mit Salz, Pfeffer und 1 Prise Zucker abschmecken. Den Parmesan unterrühren und die Suppe servieren.

Für 6 Personen

Zutaten:
3 Zwiebeln
2 rote Paprikaschoten
2 gelbe Paprikaschoten
2 grüne Paprikaschoten
750 g Champignons
(aus der Dose)
2 TL Öl
200 g Schinkenwürfel (2 % Fett)
800 g stückige Tomaten
(aus der Dose)
2 TL Pizzagewürz
700 ml Gemüsebrühe
Salz und Pfeffer
Zucker
80 g geriebener Parmesan

SUPPEN & EINTÖPFE

 **2,8 Fettpunkte**

Zucchinisuppe mit Nudeln

Für 2 Personen

Zutaten:

1 Zwiebel

1 Knoblauchzehe

2 Möhren

1 TL Butter

750 ml Gemüsebrühe

100 g Suppennudeln

200 g Zucchini

Salz

Muskatnuss

1 Bund Schnittlauch

1

Die Zwiebel und Knoblauchzehe schälen und in feine Würfel schneiden. Die Möhren schälen und in kleine Streifen oder Würfel schneiden.

2

Zwiebel und Knoblauch in der Butter glasig dünsten. Mit Gemüsebrühe aufgießen. Die Möhren und Nudeln in die Brühe geben und alles 7 bis 8 Minuten garen.

3

Zucchini putzen, waschen und in feine Streifen schneiden oder hobeln. In die Suppe geben und 5 Minuten mitgaren.

4

Die Suppe mit Salz und Muskat abschmecken. Schnittlauch waschen, trocken schütteln und klein schneiden. Über die Suppe streuen.

 **3,7 Fettpunkte**

MÖHREN-KARTOFFEL-SUPPE MIT TATAR

1

Die Möhren putzen und in Scheiben schneiden. Die Kartoffeln schälen, waschen und in mundgerechte Würfel schneiden.

2

Das Tatar im Öl anbraten und mit Salz und Pfeffer würzen.

3

Die Möhren und Kartoffeln dazugeben und mit so viel Wasser auffüllen, bis alles gerade bedeckt ist.

4

Die Gemüsebrühe dazugeben, unterrühren und alles einmal aufkochen lassen. Die Temperatur herunterschalten und die Suppe köcheln lassen, bis alles gar ist.

Für 3 Personen

Zutaten:
300 g Möhren
300 g Kartoffeln
200 g Tatar
1 TL Öl
Salz und Pfeffer
3 TL klare Instant-Gemüsebrühe

SUPPEN & EINTÖPFE

Statt 200 g Tatar können Sie auch 200 g Putenhackfleisch verwenden. Dieses hat zwar 9,6 statt 6 FP wie das Tatar, dafür dann das Öl (5 FP) weglassen und das Putenhackfleisch in Mineralwasser anbraten.

TIPP

 1,8 Fettpunkte

KÜRBISSUPPE

Für 6 Personen

Zutaten:

750 g Kartoffeln

1 Hokkaidokürbis (ca. 750 g)

1 große Zwiebel

1 Knoblauchzehe

1 TL Öl

3 l Gemüsebrühe

Salz und Pfeffer

3 TL Currypulver

50 g saure Sahne (5 % Fett)

1
Die Kartoffeln schälen, waschen und in kleine Stücke schneiden. Den Kürbis ungeschält in Spalten schneiden und entkernen. Die Spalten in kleine Stücke schneiden. Zwiebel und Knoblauch schälen und klein hacken.

2
Zwiebeln und Knoblauch im Öl andünsten, Kartoffeln und Kürbis dazugeben und kurz anrösten. Alles mit der Brühe ablöschen und 20 Minuten weich kochen.

3
Die Suppe mit einem Stabmixer pürieren und nach Geschmack mit Salz, Pfeffer und Curry abschmecken. Die saure Sahne unterrühren, die Suppe aber nicht mehr kochen lassen.

 **1,7 Fettpunkte**

PÜRIERTE TOMATEN-GEMÜSE-SUPPE

1

Tomaten blanchieren, die Haut abziehen, entkernen und das Fruchtfleisch in Würfel schneiden.

2

Möhren, Zucchini und Paprika putzen, waschen und in Würfel schneiden. Zwiebeln schälen und in Streifen schneiden.

3

Möhren, Zucchini, Paprika und Zwiebeln in einer beschichteten Pfanne etwa 3 Minuten andünsten.

4

Das Tomatenmark dazugeben und kurz anschwitzen. Tomaten, 1 l Wasser, Brühe und Oregano unterrühren und alles aufkochen. Etwa 10 Minuten köcheln lassen.

5

Die Suppe pürieren und mit Salz, Pfeffer und Zucker abschmecken. Den Parmesan hobeln, die Suppe auf Teller verteilen und mit dem gehobelten Parmesan bestreuen.

Für 4 Personen

Zutaten:

1 kg reife Tomaten

2 Möhren

2 Zucchini

2 gelbe Paprikaschoten

2 mittelgroße Zwiebeln

2 EL Tomatenmark

2–3 TL Instant-Gemüsebrühe

1 TL getrockneter Oregano

Salz und Pfeffer

Zucker

30 g Parmesan

SUPPEN & EINTÖPFE

 6,5 Fettpunkte

Cindys grünes Erbsenwunder

Für 1 Person

Zutaten:

1 kleine Zwiebel

1 TL Olivenöl

1 Kartoffel

1 TL Instant-Gemüsebrühe

200 g Erbsen (tiefgekühlt)

1 kleine Möhre

Salz und Pfeffer

1 Pfefferbeißer (3 % Fett, z. B. von Vielleicht)

1
Die Zwiebel schälen und in feine Ringe schneiden. Im heißen Öl anbraten. Herausnehmen.

2
Die Kartoffel schälen, waschen und in Würfel schneiden.

3
Etwa ¼ l Wasser, Gemüsebrühe, Kartoffelwürfel und Erbsen ins Bratfett geben. Alles aufkochen und zugedeckt etwa 5 Minuten köcheln.

4
Die Möhre schälen und in kleine Würfel schneiden. Die Zwiebeln in die Suppe geben und alles fein pürieren. Die Möhre hinzufügen und zugedeckt 5 Minuten weiterköcheln. Mit Salz und Pfeffer abschmecken.

5
Den Pfefferbeißer in Scheiben schneiden und in der Suppe erhitzen.

 **3,5 Fettpunkte**

MARKS LIEBLINGSSUPPE

1

Kartoffeln, Möhren und Zwiebeln schälen und in Würfel schneiden. Zwiebel im Öl andünsten und den Thymian dazugeben.

2

Möhren und Kartoffeln hinzufügen und kurz mit andünsten. Die Brühe dazugießen. Bei kleiner Hitze 15 bis 20 Minuten köcheln lassen.

3

Wer gern Einlage in der Suppe mag, kann ein wenig Kartoffeln und Möhrenstücke herausheben und später wieder hinzufügen. Die restliche Suppe cremig pürieren.

4

Den Schmelzkäse dazugeben und unterrühren. Die Suppe erneut erhitzen und servieren.

Für 4 Personen

Zutaten:

1 kg Kartoffeln

300 g Möhren

2 Zwiebeln

1 TL Öl

1 TL getrockneter Thymian

1 l Gemüsebrühe

100 g Schmelzkäse (9 % Fett)

Cayennepfeffer

SUPPEN & EINTÖPFE

Wer mag, kann fettarme Würstchen oder Hackbällchen aus Tatar in der Suppe erhitzen und mitservieren. Diese müssen aber extra berechnet werden.

 2,5 Fettpunkte

BOHNENTOPF MIT CURRY

Für 4 Personen

Zutaten:
300 g getrocknete weiße Bohnen
1 große Zwiebel
1 2 Knoblauchzehen
2 TL Öl
Currypulver (nach Geschmack)
1 ¼ l Gemüsebrühe
500 g Kartoffeln
250 g Möhren
300 g Lauch
Salz und Pfeffer

1
Die Bohnen über Nacht in 600 ml kaltem Wasser einweichen.

2
Zwiebel und Knoblauch schälen und in feine Würfel schneiden. Das Öl erhitzen und Zwiebel und Knoblauch darin andünsten. Etwas Currypulver hinzufügen und kurz mitdünsten.

3
Die Bohnen mit dem Einweichwasser hinzufügen und die Brühe aufgießen, aufkochen und etwa 45 Minuten kochen lassen.

4
Die Kartoffeln schälen, waschen und in Würfel schneiden. Möhren und Lauch putzen und waschen. Möhren klein schneiden und Lauch in Ringe schneiden.

5
Kartoffeln, Möhren und Lauch nach etwa 20 Minuten zu den Bohnen geben.
Den Eintopf mit Curry, Salz und Pfeffer abschmecken.

 **5,8 Fettpunkte**

GULASCHSUPPE

1

Die Zwiebel schälen und klein schneiden. Das Fleisch in Würfel schneiden. Das Öl erhitzen und Fleisch und Zwiebel darin anbraten. Die Brühe dazugeben und 90 Minuten zugedeckt köcheln lassen.

2

Kartoffeln schälen, waschen und klein schneiden. Paprika putzen, entkernen, waschen und ebenfalls klein schneiden. Zur Suppe geben und 20 Minuten garen.

3

Die Champignons putzen, waschen und klein schneiden. In den letzten 10 Minuten dazugeben und mitgaren.

4

Die Suppe nach Geschmack mit Salz, Pfeffer und Rosenpaprika würzen. Zum Schluss Cremefine unterrühren.

Für 4 Personen

Zutaten:

1 Zwiebel

250 g mageres Rindfleisch

1 TL Öl

1 l klare Fleischbrühe

200 g Kartoffeln

1 rote Paprikaschote

300 g Champignons

Salz und Pfeffer

Paprikapulver (rosenscharf)

100 ml Cremefine (7 % Fett)

SUPPEN & EINTÖPFE

Vegetarisches

 **5,1 Fettpunkte**

GEFÜLLTE GEMÜSE-PAPRIKA MIT KRÄUTERQUARK

1

Die Paprika putzen, halbieren, entkernen und waschen. Zucchino, Tomate und Champignons putzen und waschen. Zucchino, Tomate und Champignons klein schneiden. Den Fetakäse in kleine Würfel schneiden. Den Backofen auf 200 °C vorheizen.

2

Das klein geschnittene Gemüse und den Käse mischen und mit den getrockneten Kräutern und ein wenig Salz würzen. Die Mischung in die halbierten Paprika füllen und im vorgeheizten Ofen ca. 20 Minuten garen.

3

In der Zwischenzeit die Zwiebel schälen und klein hacken. Den Quark mit den Kräutern und der Zwiebel mischen und mit Salz, Pfeffer und Paprika kräftig würzen. Den Quark zu den Gemüsepaprika servieren.

Für 4 Personen

Zutaten:

4 rote Paprikaschoten

1 kleiner Zucchino

1 Fleischtomate

3–4 Champignons

200 g Fetakäse (9 % Fett)

getrocknete italienische Kräuter
(z. B. Thymian, Oregano)

Kräutersalz

1 kleine Zwiebel

500 g Quark (0,5 % Fett)

je 1 EL gehackter Schnittlauch und
Petersilie

Salz und Pfeffer

Paprikapulver

VEGETARISCHES

 7,3 Fettpunkte

ÜBERBACKENE AUBERGINEN

Für 4 Portionen

Zutaten:
4 Knoblauchzehen
1 TL Olivenöl
200 g Tomatenmark
400 g passierte Tomaten
Salz und Pfeffer
Zucker
einige Basilikumstiele
6 Auberginen
125 g Mozzarella (8,5 % Fett)
50 g geriebener Parmesan

1

Den Knoblauch schälen. Das Öl erhitzen, den Knoblauch durch die Presse dazudrücken und andünsten. Tomatenmark und passierte Tomaten hinzufügen, mit Salz und Pfeffer würzen. Nach Geschmack eine Prise Zucker dazugeben. Alles ein wenig köcheln lassen, die Konsistenz sollte dickflüssig sein. Das Basilikum waschen, trocken schütteln, in Streifen schneiden und dazugeben.

2

Die Auberginen putzen, waschen und der Länge nach in Scheiben schneiden. In Salzwasser blanchieren und abtropfen lassen. Den Mozzarella in dünne Scheiben schneiden. Den Backofen auf 200 °C vorheizen.

3

Einige Esslöffel Tomatensauce in eine Auflaufform geben und verstreichen. Eine Schicht Auberginenscheiben darauflegen und salzen. Mit Tomatensauce bedecken. Mozzarellascheiben und Parmesankäse darauf verteilen. Erneut eine Schicht Sauce, Auberginen und Käse daraufgeben. So lange fortfahren, bis alles verbraucht ist. Die oberste Schicht sollte aus Auberginen bestehen, mit Tomatensauce übergießen und zum Schluss den restlichen Parmesan darauf verteilen. Im vorgeheizten Ofen ca. 30 Minuten überbacken.

 **5,4 Fettpunkte**

SPAGHETTI MIT GEMÜSEBOLOGNESE

VEGETARISCHES

1

Die Nudeln nach Packungsanweisung in Salzwasser garen.

2

Die Zwiebel schälen, Paprika putzen, entkernen und waschen. Beides in kleine Würfel schneiden und im Öl andünsten. Mit Salz und Pfeffer würzen.

3

Das Tomatenmark dazugeben und anschwitzen. Mehl darüberstäuben und kurz mit anschwitzen. Mit 250 ml Wasser ablösen. Die Tomaten hinzufügen, alles aufkochen und 8 Minuten köcheln lassen.

4

Das Basilikum waschen, trocken schütteln und fein hacken. Spaghetti auf Tellern anrichten, die Sauce darübergeben und mit Parmesan und Basilikum bestreuen.

Für 4 Personen

Zutaten:
500 g Spaghetti
Salz
1 Zwiebel
1 rote Paprikaschote
1 TL Öl
Pfeffer
2 EL Tomatenmark
1 EL Mehl
500 g stückige Tomaten
einige Basilikumstiele
40 g geriebener Parmesan

 9,4 Fettpunkte

GEBRATENE NUDELN AUF CHINESISCHE ART

Für 4 Personen

Zutaten:
500 g Spaghetti
Salz
500 g Pilze (z. B. Champignons,
Austernpilze)
2 rote Paprikaschoten
1 Glas Bambussprossen
(ca. 400 g)
500 g Suppengemüse (tiefgekühlt)
30 ml Öl
Sojasauce
Pfeffer
Currypulver

1
Die Spaghetti nach Packungsanweisung in Salzwasser kochen und abkühlen lassen.

2
Die Pilze und die Paprika putzen, waschen und klein schneiden. Pilze in Scheiben und Paprika in Streifen schneiden. Die Bambussprossen in einem Sieb abtropfen lassen.

3
Pilze, Paprika, Bambussprossen und das Suppengemüse in einer beschichteten Pfanne mit dem Öl anbraten. Die Spaghetti dazugeben und mitbraten. Etwas Sojasauce dazugeben, sodass alles eine braune Farbe annimmt und großzügig mit Pfeffer und Curry würzen. Eventuell mit etwas Salz nachwürzen.

 **6,5 Fettpunkte**

ÜBERBACKENER KÜRBIS

1

Den Kürbis (muss nicht geschält werden) in kleine Würfel schneiden und in eine Auflaufform geben.

2

Die Speisestärke mit 1 bis 2 EL Milch glatt rühren. Die restliche Milch erhitzen. Die angerührte Speisestärke in die heiße Milch rühren und einmal aufkochen lassen. Mit Gemüsebrühe nach Geschmack würzen.

3

Die Eier trennen. Den Topf beiseitestellen und die Eigelbe einrühren (die Milch sollte nicht mehr kochen). Den Dill unterrühren. Den Backofen auf 190 °C vorheizen.

4

Das Eiweiß steif schlagen und unter die Eigelbmasse heben. Die Sauce über den Kürbis gießen und mit Reibekäse bestreuen. Den Kürbis im vorgeheizten Ofen 45 bis 60 Minuten überbacken.

Für 4 Personen

Zutaten:

1 kg Hokkaidokürbis
1 TL Speisestärke
100 ml Milch (0,3 % Fett)
Instant-Gemüsebrühe
2 Eier
2 EL gehackter Dill
100 g Reibekäse (16 % Fett)

VEGETARISCHES

 **6,6 Fettpunkte**

KÜRBISRISOTTO

Für 4 Personen

Zutaten:

500 g Kürbisfleisch (entkernt)
1 Schalotte
1 Knoblauchzehe
1 TL Olivenöl
350 g Reis
1 l heiße Gemüsebrühe
1 Bund Frühlingszwiebeln
50 g saure Sahne (10 % Fett)
50 g frisch geriebener Parmesan
Salz und Pfeffer
½ Kästchen Kresse

1
Das Kürbisfleisch in feine Streifen schneiden oder hobeln. Schalotte und Knoblauch schälen und fein hacken.

2
Das Öl erhitzen. Schalotte, Knoblauch und Kürbisstreifen darin andünsten. Den Reis einstreuen und ebenfalls kurz andünsten. Nach und nach die Brühe angießen. Den Reis ca. 20 Minuten quellen lassen.

3
Die Frühlingszwiebeln putzen, waschen und in Ringe schneiden. 5 Minuten vor Ende der Garzeit dazugeben.

4
Saure Sahne und Parmesan unter das Risotto rühren. Mit Salz und Pfeffer abschmecken. Die Kresse abschneiden und vor dem Servieren auf das Risotto streuen.

 **8,3 Fettpunkte**

BULGURAUFLAUF

1

Den Bulgur in einer Pfanne trocken anrösten.
Mit 3 kleinen Tassen Wasser ablöschen.
15 Minuten bei kleiner Hitze köcheln lassen.

2

Die Zwiebel schälen und in feine Würfel
schneiden. In etwas Mineralwasser glasig
dünsten. Den Backofen auf 180 °C vorheizen.

3

Eier und Milch verrühren. Mit Salz und Chilipaste würzen. Basilikum und Petersilie
unterrühren.

4

Den Bulgur mit den Zwiebelwürfeln mischen
und in eine Auflaufform füllen. Die Eiermilch
darübergießen und mit dem Käse bestreuen.
Den Auflauf im vorgeheizten Ofen ca. 30 Minuten backen.

Für 4 Personen

Zutaten:

300 g Bulgur
1 große Zwiebel
2 Eier
200 ml Milch (0,3 % Fett)
Salz
Chilipaste
1 EL gehacktes Basilikum
1 EL gehackte Petersilie
100 g Reibekäse (16 % Fett)

VEGETARISCHES

 **10,3 Fettpunkte**

DINKEL-BLUMENKOHL-PFANNE

Für 2 Personen

Zutaten:

120 g Dinkel

2 TL Gemüsebrühe

400 g Blumenkohl

6 Kirschtomaten

2 TL Öl

1 Ei

Salz und Pfeffer

2 EL gehackte Petersilie

1

Den Dinkel in 500 ml Wasser einstreuen.
Die Gemüsebrühe unterrühren und den Dinkel
ca. 50 Minuten köcheln lassen.

2

Den Blumenkohl putzen, in kleine Röschen
teilen und waschen. Zum Dinkel geben und
5 Minuten mitgaren.

3

Die Tomaten waschen und halbieren. Das Öl in
einer Pfanne erhitzen. Dinkel und Blumenkohl
darin andünsten. Die Tomaten dazugeben.

4

Das Ei mit Salz und Pfeffer verquirlen und darübergießen. Die Masse stocken lassen und
zum Servieren mit Petersilie bestreuen.

 **4,7 Fettpunkte**

KRAUTFLECKERL

1

Den Weißkohl putzen, die äußeren Blätter ablösen und den harten Strunk entfernen. Den Weißkohl in feine Streifen hobeln und waschen. Gut abtropfen lassen. Im Öl andünsten und bei mittlerer Hitze ca. 30 Minuten köcheln lassen. Öfter umrühren, da das Kraut leicht anbrennt. Nach Bedarf noch etwas Wasser hinzufügen.

2

Die Nudeln in mundgerechte Stücke brechen und nach Packungsanweisung in Salzwasser garen. Herausnehmen und abtropfen lassen. Das gegarte und leicht gebräunte Kraut in eine große Pfanne geben. Die Nudeln dazugeben, alles gut vermischen, mit Gemüsebrühe würzen und abschmecken. Noch einmal erwärmen.

Für 4 Personen

Zutaten:

1 kg Weißkohl
1 EL Öl
250 g Nudeln (z. B. breite Bandnudeln oder Schmetterlingsnudeln)
Salz und Pfeffer
Gemüsebrühe

TIPP

Krautfleckerl sind eine österreichische Spezialität. Fleckerl heißen in Österreich die quadratischen oder rautenförmigen Nudeln, die es dort auch zu kaufen gibt.

(1)(2)(3)(4)(5)(6)(7)(8)(9) **8,6 Fettpunkte**

SPARGELAUFLAUF

Für 4 Personen

Zutaten:

1 kg Spargel

300 g Möhren

500 g Kartoffeln

300 ml Gemüsebrühe

300 ml Joghurt (0,1 % Fett)

200 g saure Sahne (10 % Fett)

2 Eier

50 g Speisestärke

Salz und Pfeffer

Instant-Gemüsebrühe

2 EL gehackte Petersilie

1
Den Backofen auf 190 °C vorheizen. Spargel, Möhren und Kartoffeln schälen, waschen und in Stücke schneiden.

2
Die Gemüsebrühe aufkochen und das Gemüse darin köcheln lassen, bis es gar ist. Das Gemüse mit einem Schaumlöffel aus der Brühe nehmen und in eine Auflaufform geben.

3
Joghurt, saure Sahne, Eier und Speisestärke verrühren. Mit Salz, Pfeffer und Gemüsebrühe kräftig abschmecken. Die Petersilie unterrühren und die Mischung über das Gemüse gießen. Im vorgeheizten Ofen ca. 50 Minuten backen.

TIPP

Statt weißen Spargel können Sie auch grünen verwenden. Diesen nur im unteren Drittel schälen.

 **4,1 Fettpunkte**

KARTOFFELGRATIN MIT GEMÜSE

1

Die Kartoffeln schälen, waschen und in dünne Scheiben schneiden. In kochendem Salzwasser ca. 10 Minuten garen und abgießen.

2

Brokkoli und Blumenkohl putzen, in Röschen zerteilen und waschen. Ca. 8 Minuten in kochendem Salzwasser garen und abtropfen lassen. Die Kartoffeln und den Kohl in einer Auflaufform verteilen. Den Backofen auf 180 °C vorheizen.

3

Von der Milch ca. 100 ml abnehmen und die Speisestärke damit glatt rühren. Die restliche Milch zum Kochen bringen. Kräftig mit Gemüsebrühe, Salz, Pfeffer und Muskat abschmecken. Die angerührte Speisestärke in die kochende Milch rühren und kurz aufkochen lassen.

4

Die Sauce über das Kartoffelgemüse gießen und den Reibekäse gleichmäßig darüberstreuen. Im vorgeheizten Ofen ca. 45 bis 60 Minuten backen.

Für 4 Personen

Zutaten:
500 g Kartoffeln
Salz
250 g Blumenkohl
250 g Brokkoli
750 ml Milch (0,3 % Fett)
4 TL Speisestärke
1 EL Gemüsebrühe
Pfeffer
Muskatnuss
100 g Reibekäse (14 % Fett)

VEGETARISCHES

 **7,6 Fettpunkte**

KARTOFFELAUFLAUF MIT MOZZARELLA

Für 4 Personen

Zutaten:
800 g Kartoffeln
2 Zwiebeln
1 TL Öl
150 ml Milch (0,3 % Fett)
1 EL Speisestärke
50 g Cremefine (7 % Fett)
20 g saure Sahne (10 % Fett)
100 g Schmelzkäse (9 % Fett)
Instant-Brühe
Salz
1 EL gehackte Petersilie
125 g Mozzarella (8,5 % Fett)

1
Die Kartoffeln schälen, waschen und in Salzwasser kochen, abgießen. Die Zwiebeln schälen und in Streifen schneiden. In einer Pfanne im Öl anbraten.

2
Von der Milch 5 EL abnehmen und mit der Stärke glatt rühren. Restliche Milch, Cremefine und saure Sahne in einem Topf erhitzen und den Schmelzkäse darin schmelzen lassen. Die Speisestärke unterrühren, einmal aufkochen und mit Brühe, Salz und Petersilie abschmecken.

3
Den Backofen auf 180 °C vorheizen. Den Mozzarella in Scheiben schneiden. Kartoffeln und Zwiebeln in eine Auflaufform geben, die Käse-Sahne-Sauce darauf verteilen und den Mozzarella darauflegen. Den Auflauf im vorgeheizten Ofen ca. 20 bis 30 Minuten überbacken, bis der Mozzarella zerlaufen ist.

 **8,2 Fettpunkte**

MÖHRENREIS

1

Den Reis in etwas Wasser glasig dünsten, mit Curry bestreuen und mit 600 ml Wasser ablöschen. 20 Minuten garen.

2

Die Möhren putzen, klein schneiden und nach 10 Minuten zum Reis geben. Die Zwiebeln in Ringe schneiden. Mit den Pinienkernen in einer Pfanne anrösten.

3

Die Erbsen in den letzten 5 Minuten mit dem Reis garen. Mit Salz und Pfeffer abschmecken. Die Petersilie unterrühren und den Reis mit den Zwiebeln und Pinienkernen bestreuen.

Für 4 Personen

Zutaten:

400 g Naturreis

2 TL Currypulver

4 Möhren

3 Zwiebeln

40 g Pinienkerne

150 g Erbsen (tiefgekühlt)

Salz und Pfeffer

1 EL gehackte Petersilie

VEGETARISCHES

Fisch & Meeresfrüchte

 **2,9 Fettpunkte**

FUSILLI MIT KRABBEN UND GEMÜSE AUS DEM BRATSCHLAUCH

1

Den Backofen auf 200 °C vorheizen. Möhren und Knoblauch schälen und klein schneiden. Frühlingszwiebeln putzen und in ca. 2 cm lange Stücke schneiden.

2

Das Gemüse mit Essig, Brühe, Salz und Pfeffer in den Bratschlauch geben, verschließen und im Ofen ca. 15 Minuten garen.

3

Das Gemüse aus dem Bratschlauch nehmen und die Krabben unterrühren. Die Nudeln nach Packungsanweisung in Salzwasser garen, abgießen und zu der Krabben-Gemüse-Mischung reichen.

Für 2 Personen

Zutaten:
400 g Möhren
2 Knoblauchzehen
2 Bund Frühlingszwiebeln
4 EL Balsamico-Essig
100 ml Gemüsebrühe
Salz und Pfeffer
200 g Krabben
200 g Fusilli

Beim Garen im Bratschlauch bleiben die Aromastoffe und Nährstoffe erhalten. Ideal ist diese Methode, wenn man ohne Fett garen möchte. Das Gemüse kann aber ebenso gut in einer Auflaufform im Ofen gegart werden.

TIPP

 6,2 Fettpunkte

SCHELLFISCH MIT TOMATEN-OLIVEN-SALSA

Für 2 Personen

Zutaten:
3 Tomaten
Meersalz und Pfeffer
30 g grüne Oliven (ohne Stein)
10 g Kapern
1 TL Öl
frische Kräuter (z. B. Petersilie,
Schnittlauch, Kresse oder
Basilikum)
300 g Schellfisch

1
Die Tomaten waschen und klein schneiden. Mit wenig Salz und Pfeffer würzen. Oliven und Kapern abtropfen lassen, klein hacken und mit dem Öl untermischen.

2
Die Kräuter waschen, trocken schütteln und hacken. Den Schellfisch 10 Minuten in wenig Salzwasser sanft kochen lassen.

3
Den Schellfisch in Stücke teilen und mit den Tomaten vermischen. Gut durchziehen lassen. Dazu Brot servieren.

Dieses Fischgericht kann als Vorspeise serviert werden oder als leichtes Sommergericht.

 **6,5 Fettpunkte**

SEELACHS IN ALUFOLIE

1

Die Tomaten waschen und in Scheiben schneiden. Den Knoblauch schälen und hacken. Den Backofen auf 200 °C vorheizen.

2

Zwei große Stücke Alufolie ausbreiten und je 2 Tomaten darauflegen. Mit Salz und Pfeffer würzen. Den Fisch darauf verteilen. Zitronensaft darüberträufeln, den Knoblauch und die Kräuter daraufgeben. Mit jeweils 1 TL Öl beträufeln. Mit Salz und Pfeffer würzen.

3

Die Fischfilets fest in die Alufolie wickeln. Im vorgeheizten Ofen ca. 30 Minuten garen, je nach Dicke des Fisches. Dazu passt Reis.

Für 2 Personen

Zutaten:

4 große Tomaten

2 Knoblauchzehen

Salz und Pfeffer

300 g Seelachsfilet

2 EL gehackte Kräuter (z. B. Dill, Petersilie)

Zitronensaft

2 TL Olivenöl

FISCH & MEERESFRÜCHTE

 **6,3 Fettpunkte**

FISCHFILET IN SENFSAUCE

Für 4 Personen

Zutaten:
600 g Kartoffeln
Salz
600 g Fischfilet (z. B. Kabeljau oder Seelachs)
4 EL Zitronensaft
Pfeffer
2 TL Öl
20 g Halbfettmargarine (39 % Fett)
50 g Mehl
200 ml Milch (0,3 % Fett)
2 EL Senf
frische Petersilie (nach Belieben)

1
Die Kartoffeln schälen und waschen. 20 Minuten in Salzwasser garen.

2
Den Fisch waschen, trocken tupfen, mit Zitronensaft beträufeln, mit Salz und Pfeffer würzen. Das Öl in einer beschichteten Pfanne erhitzen und die Filets darin bei mittlerer Hitze von beiden Seiten goldbraun braten.

3
Margarine in einem Topf erhitzen und das Mehl darin anschwitzen. Mit der Milch ablöschen und etwa 10 Minuten unter ständigem Rühren köcheln lassen. Den Senf in die Sauce rühren und mit Salz und Pfeffer abschmecken.

4
Den Fisch mit der Sauce anrichten, die Kartoffeln dazu servieren und nach Belieben mit gehackter Petersilie bestreuen.

 **13,8 Fettpunkte**

LABSKAUS

1

Die Zwiebel schälen und in Würfel schneiden. Kartoffeln schälen, waschen und ebenfalls in Würfel schneiden.

2

Die Zwiebel in einer Pfanne ohne Fett andünsten, etwas Wasser dazugießen. Kartoffeln dazugeben und mit Salz würzen. 20 Minuten köcheln lassen.

3

Corned Beef dazugeben. Alles pürieren. Bei Bedarf mit Salz und Pfeffer nachwürzen. Die Gurke der Länge nach dekorativ einschneiden.

4

Eine Pfanne mit einem Tropfen Öl einpinseln und das Ei als Spiegelei braten. Auf einem Teller die Zwiebel-Kartoffel-Corned-Beef-Mischung anrichten. Darauf das Spiegelei platzieren. Gurke, Rote Bete und den Rollmops dekorativ daneben anrichten.

Für 1 Person

Zutaten:
1 Zwiebel
250 g Kartoffeln
Salz
100 g Corned Beef (2,5 % Fett)
Pfeffer
1 eingelegte Bärlauch-Gurke
etwas Öl
1 Ei
eingelegte Rote Bete
1 kleiner Rollmops (ca. 50 g)

FISCH & MEERESFRÜCHTE

 **6,2 Fettpunkte**

Isas Nordseerouladen

Für 4 Personen

Zutaten:

1 große Zwiebel
4 sauer eingelegte Gurken
600 g Kabeljaufilet
Zitronensaft
Salz und Pfeffer
Senf
300 g Schinkenwürfel (3 % Fett)
200 ml Cremefine (7 % Fett)
2 EL Tomatenmark

1
Die Zwiebel schälen und in Ringe schneiden. Gurken abtropfen lassen und in schmale Streifen schneiden.

2
Die Fischfilets waschen, trocken tupfen und mit Zitronensaft beträufeln. Mit Salz und Pfeffer würzen und mit Senf bestreichen. Mit Zwiebelringen, je 2 Gurkenstreifen und Schinkenwürfeln belegen. Die Filets vorsichtig aufrollen. Mit Spießen oder Rouladenklammern feststecken. Den Backofen auf 200 °C vorheizen.

3
Die Rouladen in eine ofenfeste Auflaufform legen. Cremefine und Tomatenmark verrühren und auf den Rouladen verteilen. Die restlichen Zwiebelringe, Gurkenstreifen und Schinkenwürfel daraufgeben.

4
Etwas Wasser dazugießen. Die Form mit einem Deckel oder Alufolie abdecken. Im vorgeheizten Ofen ca. 20 bis 30 Minuten garen. Nach Ende der Garzeit die Sauce mit Salz und Pfeffer abschmecken. Dazu passen Kartoffeln.

 **9,2 Fettpunkte**

FISCH IM KÄSEBAD

1

Die Zwiebeln schälen und in grobe Würfel schneiden. Ca. 3 Minuten ohne Fett in einem Mikrowellentopf mit Deckel bei 600 Watt dünsten oder mit etwas Wasser in der Pfanne einige Minuten dünsten.

2

Die Tomaten waschen und in Achtel schneiden. Zu den Zwiebeln geben. Mit Salz und Pfeffer würzen. Den Fisch darauflegen und noch mal gut würzen. Den Schmelzkäse darauf verteilen und den Behälter schließen. Ca. 12 Minuten bei 600 Watt in der Mikrowelle garen. Dazu passen Kartoffeln.

Für 2 Personen

Zutaten:

2 große Zwiebeln
400 g Tomaten
Salz und Pfeffer
400 g Kabeljaufilet
200 g Käuterschmelzkäse
(9 % Fett)

FISCH & MEERESFRÜCHTE

Wenn Sie keine Mikrowelle besitzen, können Sie die Zwiebeln auch in einer Pfanne in etwas Mineralwasser dünsten und mit den Tomaten in eine Auflaufform geben. Den Fisch und den Schmelzkäse daraufgeben und im vorgeheizten Ofen bei 180 °C 20 bis 30 Minuten backen.

 10,9 Fettpunkte

GEGRILLTE FORELLENFILETS

Für 2 Personen

Zutaten:

1 Knoblauchzehe

2 Rosmarinzweige

Zitronensaft

2 TL Olivenöl

2 Forellenfilets (à 150 g)

Salz und Pfeffer

1

Die Knoblauchzehe schälen und klein schneiden. Rosmarinzweige waschen, trocken schütteln und die Nadeln abzupfen. Beides mit etwas Zitronensaft und dem Olivenöl zu einer Marinade verrühren.

2

Die Forellenfilets waschen, trocken tupfen und von beiden Seiten mit Salz und Pfeffer würzen. Die Filets in eine Form legen und die Marinade darübergießen. Mehrere Stunden im Kühlschrank ziehen lassen. Die Filets ab und zu wenden.

3

Den Backofengrill oder den Grill im Garten anheizen. Die Filets mit der Hautseite nach unten auf den Rost oder in eine Grillschale legen. Mit einem Löffel die Marinade über die Filets geben und von beiden Seiten 3 bis 5 Minuten grillen. Dazu einen Salat servieren.

2,5 Fettpunkte

GEGRILLTES SCHOLLENFILET

1

Den Fisch waschen, trocken tupfen und mit Zitronensaft beträufeln. Mit Salz würzen. Jedes Filetstück mit etwas Öl einpinseln.

2

Auf einen Grillrost legen oder in eine Grill-schale legen. Auf dem Grill oder unter dem Backofengrill 10 bis 15 Minuten grillen. Nach der Hälfte der Zeit den Fisch wenden. Zum Schollenfilet passen Ofenkartoffeln und Biancas Kräutersauce von Seite 102.

Für 4 Personen

Zutaten:
4 Schollenfilets (600 g)
Zitronensaft
Salz
1 TL Öl

FISCH & MEERESFRÜCHTE

11,2 Fettpunkte

THUNFISCHSTEAK MIT PELLKARTOFFELN

Für 1 Person

Zutaten:

200 g Kartoffeln

1 Thunfischsteak (à 150 g)

Zitronensaft

Salz und Pfeffer

1 TL Öl

100 g Kräuterquark (2,4 % Fett)

1
Die Kartoffeln mit der Schale gar kochen und pellen.

2
Das Thunfischsteak mit Zitronensaft beträufeln. Das Steak im Öl von beiden Seiten braten. Mit Salz und Pfeffer würzen.

3
Den Kräuterquark über die Kartoffeln geben und zum Thunfischsteak servieren.

TIPP

Thunfisch ist ein sehr magerer Fisch mit einem festen Fleisch. Wenn er zu lange gebraten wird, kann er deshalb sehr trocken werden. Empfohlen wird eine Bratzeit von etwa 2 Minuten auf jeder Seite. Wenn der Fisch dann noch zu glasig ist, noch etwas in der Nachhitze ziehen lassen.

 **8,3 Fettpunkte**

PANIERTER WILDLACHS MIT POMMES

1

Den Backofen auf 180 °C (Umluft) mit einem Backblech darin vorheizen.

2

Den Wildlachs auftauen lassen, abspülen und trocken tupfen. Mit Senf bestreichen. Von beiden Seiten in die Panade drücken. Panierten Lachs auf das mit Backpapier ausgelegte Backblech legen.

3

Die Pommes auf ein zweites Backblech legen. Den Fisch zusammen mit den Pommes im vorgeheizten Ofen 15 bis 20 Minuten garen. Den Fisch nach der Hälfte der Zeit wenden.

4

Wenn Pommes und Fisch gleichzeitig im Backofen sind, die Backofentür Immer mal kurz öffnen, damit die Feuchtigkeit entweichen kann und die Panade knusprig wird.

Für 2 Personen

Zutaten:

250 g Wildlachs (tiefgekühlt)

2–3 TL Senf

60 g Panade für Schnitzel (Fertigprodukt)

300 g Pommes Frites (3 % Fett), tiefgekühlt

FISCH & MEERESFRÜCHTE

Statt Pommes können Sie auch Naturreis zu Fisch servieren.

TIPP

 **4,7 Fettpunkte**

SEELACHSFILET MIT KÄSEKRUSTE

Für 4 Personen

Zutaten:
600 g Seelachsfilet
Zitronensaft
Salz
100 g Schmelzkäse (9 % Fett)
30 g Joghurt (0,1 % Fett)
30 g saure Sahne (10 % Fett)
1 Zwiebel
Paprikapulver (edelsüß)

1
Den Fisch waschen, trocken tupfen und mit Zitronensaft beträufeln. Leicht salzen.

2
Käse, Joghurt und saure Sahne verrühren. Die Zwiebel schälen und in Würfel schneiden. Den Backofen auf 200 °C vorheizen.

3
Den Fisch in eine ofenfeste Form legen und mit den Zwiebelwürfeln und dem Paprikapulver bestreuen. Mit der Käse-Joghurt-Mischung übergießen. Im vorgeheizten Ofen 20 Minuten überbacken.

 **6,3 Fettpunkte**

SEELACHSFILET MIT SPINATFÜLLUNG

1

Den Fisch waschen, trocken tupfen und mit Zitronensaft beträufeln. Mit Salz und Pfeffer würzen.

2

Den Spinat mit etwas Wasser erhitzen und 10 Minuten dünsten. Den Backofen auf 200 bis 225 °C vorheizen. Die Hälfte des Fisches in eine Auflaufform geben. Den Spinat auf den Fisch geben und mit dem restlichen Fisch bedecken.

3

Cremefine und Parmesan vermischen, mit Salz abschmecken und den Fisch damit bestreichen. Im vorgeheizten Ofen 30 bis 40 Minuten backen. Dazu passen Kartoffeln oder Reis.

Für 4 Personen

Zutaten:
600 g Seelachsfilet
Zitronensaft
Salz und Pfeffer
300 g Spinat (tiefgekühlt)
150 ml Cremefine (7 % Fett)
30 g Parmesankäse

FISCH & MEERESFRÜCHTE

1,3 Fettpunkte

ROTBARSCHFRIKASSEE

Für 4 Personen

Zutaten:

400 g Rotbarschfilet

Zitronensaft

Salz und Pfeffer

400 g gemischtes Gemüse

(tiefgekühlt oder aus der Dose,

z. B. Mais, Erbsen, Spargel)

100 ml Milch (0,3 % Fett)

1 EL Mehl

Zucker

heller Saucenbinder

(nach Belieben)

1

Den Fisch waschen, trocken tupfen und mit Zitronensaft beträufeln. Mit Salz und Pfeffer würzen. In kleine Stücke schneiden und mit dem Gemüse in etwas Wasser köcheln.

2

Die Milch in einem zweiten Topf aufkochen. Das Mehl in etwas kalter Milch glatt rühren und unter Rühren zu der kochenden Milch geben. Mit Zucker, Salz und Pfeffer abschmecken. Falls nötig, mit etwas Saucenbinder andicken.

3

Die Sauce über die Fisch-Gemüse-Mischung gießen. Dazu passen Reis oder Kartoffeln.

 **7,5 Fettpunkte**

MEERESFRÜCHTE IN KÄSESAUCE

1

Die Spaghetti nach Packungsanweisung in Salzwasser gar kochen.

2

Garnelen und Muscheln waschen, abtropfen lassen und in etwas Mineralwasser andünsten. Mit Knoblauchpulver bestäuben und mit 125 ml Wasser ablöschen. Die Milch dazugeben und köcheln lassen. Den Schmelzkäse einrühren und schmelzen lassen. Die Sauce mit Kondensmilch verfeinern (falls sie zu flüssig ist, mit Saucenbinder binden).

3

Die Sauce nach Belieben mit Salz, Pfeffer und Chili würzen und mit den Spaghetti anrichten.

Für 2 Personen

Zutaten:

300 g Spaghetti

Salz

150 g Garnelen

150 g Muscheln (ausgelöst)

Knoblauchpulver

125 ml Milch (0,3 % Fett)

50 g Schmelzkäse (9 % Fett)

50 ml Kondensmilch (4 % Fett)

Pfeffer

Chilipulver

FISCH & MEERESFRÜCHTE

 **7 Fettpunkte**

DINKELVOLLKORN- NUDELN MIT THUNFISCHSAUCE

Für 2 Personen

Zutaten:

250 g Dinkelvollkornnudeln

Salz

150 g Thunfisch (im eigenen Saft)

1 Zwiebel

1 TL Öl

100 ml Milch (0,3 % Fett)

50 g Schmelzkäse (9 % Fett)

1
Die Nudeln nach Packungsanweisung in Salzwasser garen. Den Thunfisch abtropfen lassen.

2
Die Zwiebel schälen und in Würfel schneiden. Im Öl andünsten und den Thunfisch dazugeben. Erhitzen und mit Milch ablöschen.

3
Den Schmelzkäse vorsichtig unterrühren. Die Sauce über die Nudeln geben und servieren.

 **7,3 Fettpunkte**

WILDLACHS MIT NUDELN

1

Nudeln nach Packungsanweisung in Salzwasser garen.

2

Die Zwiebel schälen und klein schneiden. In einer Pfanne mit wenig Mineralwasser anbraten. Den Knoblauch schälen und durch die Presse dazudrücken. Den Lachs dazugeben und mitbraten.

3

Milch und Cremefine hinzufügen und alles aufkochen lassen. Mit Salz, Pfeffer, Muskat und Paprika abschmecken. Die Kräuter unterrühren. Nach Belieben mit Saucenbinder andicken.

4

Die Nudeln abgießen und mit der Sauce vermischen.

Für 4 Personen

Zutaten:

500 g Nudeln (z. B. Bandnudeln)

Salz

1 Zwiebel

2 Knoblauchzehen

200 g Wildlachs

200 ml Milch (0,3 % Fett)

250 ml Cremefine (7 % Fett)

Pfeffer

Muskatnuss

Paprikapulver (edelsüß)

1 EL gemischte Kräuter

(tiefgekühlt)

1 EL Saucenbinder

(nach Belieben)

FISCH & MEERESFRÜCHTE

HAUPTGERICHTE
MIT FLEISCH

 **4,0 Fettpunkte**

BOLOGNESE

1

Die Zwiebel schälen und in kleine Würfel
schneiden. Champignons putzen und vierteln.
Paprika putzen, entkernen, waschen und in
Würfel schneiden.

2

Wenig Mineralwasser in einer Pfanne erhitzen.
Das Tatar darin anbraten. Die Zwiebel kurz mitdünsten. Champignons, Paprika und Tomatenmark hinzufügen und unterrühren. Mit Hackfleischgewürz, Paprikapulver sowie Salz und
Pfeffer würzen.

3

Die Milch dazugeben und aufkochen lassen.
Den Käse dazugeben, unterrühren und alles
ein wenig köcheln lassen. Erneut abschmecken. Falls nötig, mit 1 TL in Wasser aufgelös-
ter Speisestärke andicken. Dazu Salzkartoffeln
reichen.

Für 4 Personen

Zutaten:

1 Zwiebel

200 g weiße Champignons

1 große Paprikaschote

300 g Tatar

80 g Tomatenmark

Hackfleischgewürz

(ohne Glutamat)

Paprikapulver

Salz und Pfeffer

500 ml Milch (0,5 % Fett)

50 g Schmelzkäse (9 % Fett)

Speisestärke

HAUPTGERICHTE MIT FLEISCH

 **10,8 Fettpunkte**

KATIS LASAGNE

Für 2 Personen

Zutaten:
1 Zwiebel
180 g Tatar
Salz und Pfeffer
etwas Chilipaste
Paprikapulver
1 Packung Tomaten mit Basilikum
(370 g, z. B. Tomato al Gusto)
100 ml Milch (0,3 % Fett)
300 g Frischkäse mit Kräutern
(0,2 % Fett)
Muskatnuss
5 Lasagne-Platten
100 g Reibekäse (14 % Fett)

1
Die Zwiebel schälen und in Würfel schneiden. Das Tatar mit der Zwiebel in etwas Mineralwasser krümelig anbraten und mit Salz, Pfeffer, Chilipaste und Paprikapulver würzen. Alles mit Tomato al Gusto ablöschen und beiseitestellen.

2
Die Milch erhitzen und den Frischkäse darin schmelzen lassen. Mit Muskat, Salz und Pfeffer abschmecken. Den Backofen auf 200 °C vorheizen.

3
Die Saucen abwechselnd mit den Lasagneplatten in eine Auflaufform schichten. Dabei mit der roten Sauce beginnen. Mit Reibekäse bestreuen und 30 bis 35 Minuten im vorgeheizten Ofen backen.

 **5,0 Fettpunkte**

ASIATISCHE REIS-HACK-PFANNE

1

Wenig Mineralwasser in einer Pfanne erhitzen.
Das Tatar darin scharf und krümelig anbraten,
mit Salz und Pfeffer würzen.

2

Den Reis hinzufügen und kurz mitdünsten.
Mit 600 ml Wasser ablöschen und aufkochen.
Die Gemüsebrühe unterrühren und zugedeckt
ca. 12 Minuten köcheln lassen.

3

Das Gemüse unaufgetaut dazugeben und
8 Minuten weitergaren.

4

Die Chilisauce unterrühren und mit Koriander
abschmecken.

Für 4 Personen

Zutaten:
400 g Tatar
Salz und Pfeffer
200 g Naturreis (z. B. Oryza)
2 TL Instant-Gemüsebrühe
750 g Gemüse (tiefgekühlt,
z. B. Asia Wok Mix von Iglo)
5 EL süße Chilisauce
gemahlener Koriander

HAUPTGERICHTE MIT FLEISCH

 **7,5 Fettpunkte**

HENNINGS HACKPFANNE

Für 4 Personen

Zutaten:

2 Paprikaschoten
1 mittelgroße Zwiebel
400 g Tatar
Salz und Pfeffer
200 g Fetakäse (9 % Fett)
1 Eisbergsalat

1
Paprika putzen und waschen. Zwiebel schälen und beides in kleine Würfel schneiden.

2
Das Tatar in ganz wenig Mineralwasser scharf anbraten und nach Geschmack mit Salz und Pfeffer würzen. Paprika und Zwiebel dazugeben und ca. 5 Minuten mitgaren.

3
Den Fetakäse in Würfel schneiden, zum Fleisch geben und schmelzen lassen.

4
Vom Eisbergsalat die Blätter ablösen, waschen und auf Tellern verteilen. Die Hackpfanne auf dem Salat anrichten.

 **8,9 Fettpunkte**

Spaghetti-Auflauf

1

Die Nudeln nach Packungsanweisung in Salzwasser gar kochen. Den Mais abtropfen lassen. Die Möhren schälen und grob raspeln. Die Zwiebel schälen und in feine Würfel schneiden.

2

Wenig Mineralwasser in einer Pfanne erhitzen. Das Tatar darin anbraten. Mit Salz und Pfeffer würzen. Möhren und Zwiebeln dazugeben und mitbraten. Tomaten, 100 ml Wasser und die Brühe hinzufügen. Aufkochen und zugedeckt 10 Minuten köcheln lassen.

3

Den Mais dazugeben. Die Petersilie waschen, trocken schütteln, die Blätter abzupfen und hacken. Unter die Sauce rühren. Den Backofen auf 180 °C vorheizen.

4

Nudeln und Sauce vermischen. In eine ungefettete Auflaufform füllen. Den Käse darüberstreuen und im vorgeheizten Ofen ca. 20 Minuten backen.

Für 2 Personen

Zutaten:
200 g Spaghetti
Salz
200 g Mais (aus der Dose)
150 g Möhren
1 kleine Zwiebel
125 g Tatar
Salz und Pfeffer
250 g passierte Tomaten
½ TL Instant-Gemüsebrühe
½ Bund Petersilie
50 g Reibekäse (14 % Fett)

HAUPTGERICHTE MIT FLEISCH

 **3,5 Fettpunkte**

GEFÜLLTE PAPRIKASCHOTEN

Für 4 Personen

Zutaten:

4 große rote Paprikaschoten
1 Zwiebel
1 TL Öl
300 g Tatar
Salz und Pfeffer
Paprikapulver (rosenscharf)
500 g passierte Tomaten
1 TL Instant-Gemüsebrühe
1 TL Senf
1 TL Chilipulver

1
Den Stielansatz der Paprikaschoten herausschneiden, die Paprika aushöhlen und
waschen.

2
Die Zwiebel schälen und klein hacken. In einer
Pfanne mit dem Öl anbraten. Den Backofen
auf 200 °C vorheizen.

3
Das Tatar mit der Zwiebel, Salz, Pfeffer und
Paprikapulver würzen und in die Paprika füllen.
Die Paprika in eine Auflaufform setzen und im
Backofen ca. 30 Minuten garen.

4
Die passierten Tomaten in einem Topf erhitzen
und mit Brühe, Senf und Chilipulver abschmecken. Die gefüllten Paprika mit der Sauce servieren. Als Beilage eignen sich Kartoffeln.

 6,5 Fettpunkte

SAURE ZIPFL

1

Die Zwiebeln schälen und in feine Ringe oder Streifen schneiden. Mit 1 l Wasser in einen Topf geben und mit Brühe und Salz gut würzen.

2

Das Sauerbratengewürz in ein geschlossenes Teesieb geben und in die Brühe hängen. (Es geht auch ein Kaffeefilter, den man zubindet). Essig dazugeben und einmal aufkochen lassen. Die Temperatur herunterschalten und die Zwiebeln ca. 20 Minuten weich dünsten.

3

Die Bratwürste dazugeben und ca. 45 Minuten darin ziehen, aber nicht kochen lassen. Den Sud nach Geschmack nochmals mit Salz und etwas Zucker würzig abschmecken. Die Würste müssen mit dem Sud bedeckt sein – ggf. noch Flüssigkeit nachfüllen.

4

Das Teesieb mit dem Sauerbratengewürz entfernen und die sauren Zipfel mit etwas Sud in tiefen Tellern anrichten. Dazu passt am besten dunkles Brot.

Für 4 Personen

Zutaten:

3 große Zwiebeln

1–2 EL Instant-Brühe

Salz

3 EL Sauerbratengewürz

125 ml milder Weißweinessig

20 Schweinsbratwürstl (3 % Fett, z. B. von VielLeicht)

etwas Zucker

HAUPTGERICHTE MIT FLEISCH

 5,9 Fettpunkte

GEFÜLLTE KARTOFFELN MIT KRAUT UND KASSLER

Für 4 Personen

Zutaten:
8 festkochende Kartoffeln
200 g mageres Kassler (4 % Fett)
1 Zwiebel
1 rote Paprikaschote
1 TL Öl
850 g Sauerkraut
Salz und Pfeffer
150 g Apfelmus
1 Bund Schnittlauch
1 TL Speisestärke
150 g Cremefine (7 % Fett)

1
Die Kartoffeln waschen und mit der Schale ca. 20 Minuten kochen. Das Kassler in Würfel schneiden. Zwiebel schälen, Paprika putzen, waschen und beides klein schneiden.

2
Die Zwiebel im Öl anbraten und das Kassler dazugeben und erwärmen. Sauerkraut und Paprika dazugeben. Mit Salz und Pfeffer würzen. Das Apfelmus unterrühren und ca. 15 Minuten schmoren.

3
Den Schnittlauch waschen, trocken schütteln und in Röllchen schneiden. Die Stärke mit der Hälfte der Cremefine glatt rühren und unter die Sauerkrautmischung rühren. Die Hälfte des Schnittlauchs unterrühren und mit Salz und Pfeffer abschmecken.

4
Die Kartoffeln längs einschneiden und leicht auseinanderdrücken, mit der Sauerkrautmischung füllen. Restliche Cremefine in Klecksen auf den Kartoffeln verteilen und mit dem restlichen Schnittlauch garnieren.

 **5,4 Fettpunkte**

WEISSKOHL-SCHINKEN-TOPF

1

Den Kohl putzen, den harten Strunk herausschneiden, die Blätter klein schneiden,
waschen und abtropfen lassen.

2

Im Öl anbraten und die Schinkenwürfel mitbraten. Den Reis dazugeben. Mit Tomaten und
Brühe ablöschen. 20 Minuten kochen lassen.

3

Den Frischkäse dazugeben und unterrühren.
Mit Salz und Pfeffer abschmecken und die
Petersilie darüberstreuen.

Für 4 Personen

Zutaten:

1 Weißkohl

2 TL Öl

100 g Schinkenwürfel (3 % Fett)

160 g Naturreis

400 g stückige Tomaten (aus der
Dose)

600 ml Gemüsebrühe

100 g Kräuterfrischkäse (5 % Fett)

Salz und Pfeffer

2 EL gehackte Petersilie

HAUPTGERICHTE MIT FLEISCH

 **9,5 Fettpunkte**

WIRSING À LA MAMA

Für 4 Personen

Zutaten:
1 großer Wirsingkohl
Salz
1 Zwiebel
250 g Rinderhack
Mehl nach Belieben
Instant-Gemüsebrühe
Pfeffer
100 g Spätzle

1
Den Wirsing putzen, den harten Strunk herausschneiden, die Blätter in Stücke schneiden, waschen und in reichlich Salzwasser weich kochen. Herausnehmen, abtropfen lassen und im Mixer pürieren.

2
Die Zwiebel schälen und klein schneiden. Das Rinderhack mit der Zwiebel in einer beschichteten Pfanne fettfrei anbraten.

3
Den gemixten Wirsing nach Belieben mit etwas Mehl binden, mit Instant-Brühe und Pfeffer abschmecken. Rinderhack dazugeben und untermischen. Die Spätzle in etwas Salzwasser garen und dazu servieren.

 **7,9 Fettpunkte**

KARTOFFEL-FLAMMKUCHEN

1

Kartoffeln in der Schale kochen, abkühlen lassen, pellen und in Scheiben schneiden. Auf einem Backblech verteilen.

2

Quark und saure Sahne verrühren, mit etwas Salz und Pfeffer abschmecken. Auf den Kartoffeln verteilen. Den Backofen auf 200 °C vorheizen.

3

Zwiebeln putzen bzw. schälen und in Ringe schneiden. Mit den Schinkenwürfeln auf die Kartoffeln geben.

4

Im vorgeheizten Ofen ca. 15 Minuten überbacken, bis die Schinkenwürfel schön knusprig sind.

Für 4 Personen (1 Blech)

Zutaten:

1 kg Kartoffeln

500 g Quark (0,5 % Fett)

200 g saure Sahne (10 % Fett)

Salz und Pfeffer

1 Frühlingszwiebel

1 Zwiebel

300 g Schinkenwürfel (3 % Fett)

HAUPTGERICHTE MIT FLEISCH

 5,3 Fettpunkte

PENNE MIT HUHN UND GEMÜSE

Für 4 Personen

Zutaten:
400 g Penne
Salz
1 Zwiebel
500 g Brokkoli
500 g Hähnchenbrust
Cayennepfeffer
500 g passierte Tomaten

1
Die Nudeln in kochendem Salzwasser nach Packungsanweisung bissfest garen.

2
Die Zwiebel schälen und klein schneiden. Den Brokkoli in Röschen teilen, putzen, waschen und abtropfen lassen.

3
Die Hähnchenbrust in kleine Stücke schneiden und in etwas Mineralwasser anbraten. Zwiebel und Brokkoli dazugeben und kurz mitbraten. Alles mit Salz und Cayennepfeffer würzen.

4
Die Tomaten hinzufügen und aufkochen. 3 bis 4 Minuten köcheln lassen und nochmals abschmecken. Die Nudeln mit der Sauce anrichten und servieren.

 **4,8 Fettpunkte**

PUTENMEDAILLONS AUF TOMATEN

1

Die Zwiebel schälen und in Würfel schneiden.
Die Nudeln nach Packungsanweisung in Salzwasser 10 Minuten garen.

2

Die Medaillons im Öl von beiden Seiten anbraten. Herausnehmen und mit Salz und Pfeffer
würzen.

3

Die Zwiebel in der Pfanne andünsten, Tomaten-
stücke und Brühe unterrühren und aufkochen.

4

Basilikum waschen, trocken schütteln und
klein schneiden. Einige Blätter für die Garnitur
beiseitelegen. Basilikum zu den Tomaten
geben und unterrühren. Mit Salz, Pfeffer und
1 Prise Zucker abschmecken.

5

Die Erbsen hinzufügen und alles einmal aufkochen. Die Putenmedaillons dazugeben und in
der Sauce erhitzen. Die Nudeln mit der Sauce
anrichten und mit dem restlichen Basilikum
garnieren.

Für 4 Personen

Zutaten:

1 Zwiebel
400 g Vollkornnudeln (ohne Ei)
Salz
8 kleine Putenmedaillons
(ca. 400 g)
1 TL Öl
Pfeffer
500 g stückige Tomaten (aus der
Dose)
2 TL Instant-Gemüsebrühe
½ Bund Basilikum
Zucker
200 g Erbsen (tiefgekühlt)

HAUPTGERICHTE MIT FLEISCH

 **3,9 Fettpunkte**

ÜBERBACKENE PUTENSCHNITZEL

Für 4 Personen

Zutaten:
600 g Putenschnitzel
Sojasauce
8 große Tomaten
Salz und Pfeffer
getrocknete italienische Kräuter
(z. B. Oregano, Thymian)
125 g Mozzarella (8,5 % Fett)

1

Die Putenschnitzel waschen, trocken tupfen, auf einen Teller legen und mit etwas Sojasauce beträufeln. In einer Pfanne mit etwas Mineralwasser anbraten.

2

Die Tomaten waschen, entkernen und in Würfel schneiden. In einer zweiten Pfanne die gewürfelten Tomaten andünsten und mit Salz, Pfeffer und Kräutern nach Geschmack würzen. Den Backofen auf 180 °C vorheizen.

3

Den Mozzarella in Scheiben schneiden. Wenn die Tomaten weich gedünstet sind, zuerst die Schnitzel in eine Auflaufform geben und dann die Tomaten darübergeben. Mit Mozzarellascheiben belegen und im vorgeheizten Ofen ca. 15 Minuten überbacken. Als Beilage eignen sich Kartoffeln.

 **6,5 Fettpunkte**

PUTE IN PITA

1

Die Putenschnitzel klein schneiden und im Öl anbraten. Den Knoblauch schälen, die Frühlingszwiebeln putzen und beides klein schneiden. Knoblauch und Frühlingszwiebeln zum Fleisch geben und mitbraten.

2

Tomatenmark unterrühren und kurz anschwitzen. Mit der Milch und ca. 130 ml Wasser ablöschen. Aufkochen lassen und die Hühnerbrühe einrühren. 5 Minuten köcheln lassen. 1 TL Saucenbinder in die Sauce rühren.

3

Mit Salz, Pfeffer, Paprika und 1 Prise Zucker abschmecken. Die Tomate waschen, in Würfel schneiden und mit der Petersilie dazugeben.

4

Die Sandwichtaschen im Toaster toasten. Die Fleischmischung in die Taschen füllen

Für 3 Personen

Zutaten:

350 g Putenschnitzel
1 TL Öl
1 Knoblauchzehe
1 Bund Frühlingszwiebeln
2 EL Tomatenmark
70 ml Milch (0,3 % Fett)
1 TL Instant-Hühnerbrühe
heller Saucenbinder
Salz und Pfeffer
Paprikapulver (edelsüß)
Zucker
1 große Tomate
2 EL gehackte Petersilie
3 Sandwich-Toast-Taschen
(z. B. von Harry)

HAUPTGERICHTE MIT FLEISCH

 **4,8 Fettpunkte**

ÖSTERREICHISCHES KRAUTFLEISCH

Für 2 Personen

Zutaten:

450 g Putenbrust

1–2 Zwiebeln

1 Knoblauchzehe

1 TL Öl

1 EL Paprikapulver (edelsüß)

2 TL Essig

Salz und Pfeffer

Instant-Gemüsebrühe

350 g Sauerkraut

1 TL Zucker

500 g Kartoffeln

1 TL Speisestärke

2 EL gehackte Petersilie

1
Die Putenbrust in mundgerechte Stücke schneiden. Zwiebeln und Knoblauch schälen und klein schneiden.

2
Zwiebeln im Öl dunkelbraun anrösten. Knoblauch, Paprikapulver, Essig und Putenfleisch hinzufügen, salzen, pfeffern und unterrühren. Mit ca. 125 ml Wasser aufgießen, mit Instant-Brühe abschmecken und auf kleiner Hitze 30 bis 40 Minuten köcheln lassen.

3
Das Sauerkraut und den Zucker hinzufügen und weitere 20 Minuten köcheln lassen. Die Kartoffeln schälen und in Salzwasser 20 Minuten garen.

4
Je nach Konsistenz das Krautfleisch mit in 1 EL kaltem Wasser angerührter Speisestärke binden. Mit Petersilie bestreuen und mit den Kartoffeln servieren.

 **10,5 Fettpunkte**

HÄHNCHENKEULEN

1

Den Backofen auf 200 °C vorheizen. Die Hähnchenkeulen enthäuten und mit Meersalz und Pfeffer einreiben. In einer Auflaufform in 3 EL Mineralwasser im Ofen ca. 45 Minuten garen.

2

Brokkoli, Zucchini, Paprika, Frühlingszwiebeln, Champignons und Knoblauch putzen bzw. schälen, waschen und klein schneiden. Leicht salzen.

3

Frühlingszwiebeln, Champignons und Knoblauch in wenig Mineralwasser andünsten, dann das restliche Gemüse dazugeben und weitere 15 Minuten dünsten. Das Gemüse sollte noch bissfest sein. Mit Paprikapulver würzen.

4

Die Hähnchenkeulen aus dem Ofen nehmen. Crème fraîche zum Garsud geben und unterrühren. Das Gemüse hinzufügen, die Hähnchenkeulen darauflegen und im Ofen nochmals ca. 5 Minuten erhitzen. Dazu können Salzkartoffeln gereicht werden.

Für 4 Personen

Zutaten:

4 Hähnchenkeulen
Meersalz und Pfeffer
150 g Brokkoli
200 g Zucchini
500 g bunte Paprikaschoten (grün, gelb, rot)
1 Bund Frühlingszwiebeln
150 g frische Champignons
1 Knoblauchzehe
Paprikapulver
150 g Crème fraîche (15 % Fett)

HAUPTGERICHTE MIT FLEISCH

 5,8 Fettpunkte

HÄHNCHEN-CHILI

Für 3 Personen

Zutaten:

3 Hähnchenbrustfilets

2 Paprikaschoten

2 scharfe Chilischoten

(nach Geschmack)

1 TL Öl

400 g stückige Tomaten

(aus der Dose)

1 Flasche Salsasauce

(ca. 250 ml)

1

Die Hähnchenbrustfilets waschen, trocken tupfen und in sehr kleine Würfel schneiden. Paprika und Chilischoten putzen, waschen und klein schneiden.

2

Das Fleisch mit den Chilischoten im Öl anbraten. Paprika dazugeben und kurz mitbraten. Dann die Tomaten dazugeben und nochmals gut durchgaren. Mit Salsasauce ablöschen und nach Geschmack würzen. Dazu passt Brot.

TIPP

Die Schärfe der Chilis sitzt in den Kernen. Beim Putzen am besten mit dünnen Gummihandschuhen arbeiten.

 **9,8 Fettpunkte**

OFENSCHNITZEL À LA KADDI

1

Die Hähnchenbrustfilets waschen, trocken tupfen und mit Sojasauce beträufeln. Von beiden Seiten in wenig Mineralwasser anbraten.

2

Zucchino, Paprika und Frühlingszwiebeln putzen, waschen, in kleine Würfel schneiden und in Gemüsebrühe andünsten. Mit Milch ablöschen. Den Kräuterfrischkäse einrühren. Den Backofen auf 120 °C vorheizen.

3

Die Hähnchenbrustfilets in eine Auflaufform legen, mit Schinken und Käse belegen. Die Gemüsesauce darübergeben und im vorgeheizten Ofen ca. 40 Minuten garen. Dazu passen Kartoffeln.

Für 2 Personen

Zutaten:
2 Hähnchenbrustfilets (à 150 g)
etwas Sojasauce
1 Zucchino
2 Paprikaschoten
2 Frühlingszwiebeln
50 ml Gemüsebrühe
200 ml Milch (0,3 % Fett)
100 g Kräuterfrischkäse
(0,2 % Fett)
60 g Schinken (3 % Fett)
50 g geriebener Käse (16 % Fett)

HAUPTGERICHTE MIT FLEISCH

Wenn Sie Fleisch in Mineralwasser »braten«, sollte es nicht zu dick sein, da es sonst außen trocken ist und innen noch nicht gar ist. Alternativ 1 TL Öl verwenden; extra berechnen!

 **2,9 Fettpunkte**

KASSELER-LACHS-FLEISCH IM BRAT-SCHLAUCH

Für 4 Personen

Zutaten:

1 TL Instant-Gemüsebrühe

Salz und Pfeffer

2 Möhren

1 Zwiebel

1 rote Paprikaschote

600 g Kasseler-Lachsfleisch

1 TL Speisestärke

1

Den Bratschlauch an einer Seite zuknoten. 400 ml Wasser mit der Gemüsebrühe verrühren und mit etwas Salz und Pfeffer würzen. Die Brühe in den Bratschlauch geben. Den Backofen auf 160 °C vorheizen.

2

Die Möhren putzen, schälen und in 4 cm lange Stücke schneiden. Die Zwiebel schälen und achteln. Die Paprika putzen, waschen und in großzügige Streifen schneiden.

3

Das Gemüse in den Bratschlauch geben. Das Fleisch ebenfalls dazugeben und den Bratschlauch zuknoten.

4

Das Fleisch im vorgeheizten Backofen ca. 1 bis 1 ½ Stunden garen.

5

Danach den Braten herausnehmen und den Sud durch ein Sieb in einen Topf geben. Dabei die Gemüsestücke mit einem Schöpflöffel oder einer Suppenkelle kräftig ausdrücken.

6

Den Sud aufkochen und mit wenig Speisestärke binden. Mit Salz und Pfeffer abschmecken. Dazu passen Kartoffeln und Prinzessbohnen.

 **7,6 Fettpunkte**

SCHWEINEFILETTOPF

1

Die Zwiebel schälen und klein hacken. Die Champignons trocken abreiben und in Scheiben schneiden. Die Möhre schälen und in Würfel schneiden. Das Fleisch in kleine Filetspitzen schneiden, salzen und pfeffern.

2

Die Zwiebel in einer beschichteten Pfanne im Öl anbraten, dann die Champignons dazugeben. Das Fleisch ebenfalls dazugeben. Alles gut anbraten.

3

Mit Mehl bestäuben. Mit Brühe würzen und die Möhrenwürfel dazugeben. Mit ca. 200 ml Wasser aufgießen. Das Ganze ca. 30 Minuten köcheln lassen.

4

Zum Schluss mit Cremefine verfeinern und nochmals gut aufkochen lassen, bis die Sauce bindet. Dazu passt Vollkornreis.

Für 2 Personen

Zutaten:
1 kleine Zwiebel
300 g frische braune Champignons
1 kleine Möhre
300 g mageres Schweinefilet
Salz und Pfeffer
1 TL Öl
1 geh. EL Mehl
Instant-Fleischbrühe
2 EL Cremefine (7 % Fett, z. B. von Rama)

HAUPTGERICHTE MIT FLEISCH

Desserts

 **3,2 Fettpunkte**

SCHWARZWÄLDER KIRSCHPUDDING

1

Aus der Milch, dem Zucker und dem Puddingpulver nach Packungsanweisung einen Pudding kochen.

2

Die Kirschen abgießen und trocken tupfen. Vorsichtig in den Pudding rühren. Die Masse in 4 Schälchen füllen.

3

Wenn der Pudding erkaltet ist, auf jede Portion in die Mitte 1 EL Sahne geben und servieren.

Für 4 Personen

Zutaten:
400 ml Milch (0,3 % Fett)
1 Päckchen Schokoladenpuddingpulver
50 g Zucker
1 kleines Glas Schattenmorellen (ca. 370 ml; z. B. von Natreen)
4 EL Sahne (19 % Fett)

TIPP

Wenn Sie auf die Sahne zum Schluss verzichten möchten, hat der Pudding pro Person nur 0,3 FP!

 **4,0 Fettpunkte**

FLIEDERBEERSUPPE MIT GRIESSKLÖSSCHEN

Für 4 Personen

Für die Suppe:
1 l Fliederbeersaft
Zitronensaft nach Geschmack
80 g Zucker
2 säuerliche Äpfel
3 TL Speisestärke

Für die Klößchen:
125 ml Milch (0,3 % Fett)
10 g Butter
20 g Vanillezucker
Salz
50 g Hartweizengrieß
1 Ei

1
Für die Suppe Fliederbeersaft mit Zitronensaft und 30 g Zucker aufkochen. Wer Süßstoff nehmen möchte, diesen erst dann hinzufügen, wenn die Suppe fertig ist.

2
Die Äpfel waschen, entkernen und in Spalten schneiden. Apfelspalten mit 50 g Zucker und etwas Zitronensaft in 250 ml Wasser gar kochen.

3
Speisestärke mit wenig kaltem Wasser glatt rühren. Die Suppe nochmals aufkochen und mit der Stärke binden. Die Apfelspalten in die Suppe geben.

4
Für die Klößchen Milch, Butter, Vanillezucker und 1 Prise Salz aufkochen und vom Herd nehmen. Grieß unter kräftigem Rühren einstreuen, bis es ein glatter Kloß entstanden ist. Den heißen Kloß in eine Schüssel geben und das Ei unterrühren.

5
Aus der Kloßmasse mit 2 Teelöffeln Klößchen formen. In einem großen Topf Salzwasser aufkochen und die Klößchen darin bei kleiner Hitze ca. 10 Minuten ziehen lassen. Herausheben, abtropfen lassen und in der heißen Fliederbeersuppe anrichten.

0,1 Fettpunkte

KIRSCHSUPPE MIT SCHNEEKLÖSSCHEN

1

Die Kirschen abtropfen lassen und den Saft auffangen. Den Saft mit so viel Wasser auffüllen, bis 500 ml erreicht sind. Mit Vanillezucker aufkochen.

2

Stärke mit etwas Wasser glatt rühren, in den Saft rühren und 1 Minute köcheln lassen. Mit 1 bis 2 EL Zucker abschmecken. Die Kirschen dazugeben, kurz aufkochen lassen und alles abkühlen lassen. In einem zweiten Topf reichlich Wasser aufkochen.

3

Eiweiße mit Zitronensaft steif schlagen und dabei 2 EL Zucker einrieseln lassen. Aus der Masse mit zwei Teelöffeln Klößchen formen und in das siedende Wasser geben. Zugedeckt 5 Minuten ziehen lassen.

4

Die Schneeklößchen auf die Kirschsuppe setzen und servieren.

Für 4 Personen

Zutaten:
1 Glas Schattenmorellen
(ca. 370 ml, z. B. von Natreen)
1 Päckchen Vanillezucker
2 EL Speisestärke
3 EL Zucker
2 Eiweiß
Zitronensaft nach Geschmack

DESSERTS

1,3 Fettpunkte

KIRSCHDESSERT

Für 4 Personen

Zutaten:
400 g Kirschen (aus dem Glas;
z. B. von Natreen)
1 Päckchen Rote-Grütze-Pulver
(37,5 g)
500 g Quark (0,3 % Fett)
250 g Joghurt (0,1 % Fett)
2 Päckchen Vanillezucker
100 g Russisch Brot

1

Die Kirschen in einem Sieb abtropfen lassen, dabei den Saft auffangen. Den Kirschsaft mit Wasser auf 500 ml auffüllen und etwas davon abnehmen. Den Rest zum Kochen bringen. Rote Grütze in der restlichen Flüssigkeit anrühren und in den kochenden Saft einrühren. Die Kirschen dazugeben, die Masse abkühlen und fest werden lassen.

2

Den Quark mit dem Joghurt glatt rühren und den Vanillezucker dazugeben und vermischen. Kühl stellen. Das Russisch Brot zu Bröseln verarbeiten.

3

Wenn die Kirschmasse erkaltet ist, das Dessert in dekorativen Gläsern anrichten. Zuerst die Quarkmasse darin verteilen, mit Kekskrümeln bestreuen, darauf die Kirschmasse geben, erneut mit Qarkmasse bedecken und zum Schluss wieder mit Kekskrümeln bestreuen.

1,2 Fettpunkte

MANDARINENFLUFFI

1

Die Mandarinen abtropfen lassen und pürieren. In einem Topf mit wenig Mineralwasser
etwas einkochen lassen, sodass eine sämige
Sauce entsteht. Die Masse abkühlen lassen.

2

Das Puddingpulver mit etwas Milch anrühren.
Die restliche Milch zum Kochen bringen. Das
angerührte Pulver in die Milch rühren und aufkochen. Die Masse abkühlen lassen. Mit dem
Quark verrühren.

3

Die Löffelbiskuits fein reiben. Zum Servieren
alles in Gläser schichten. Zuerst die Quarkmasse hineingeben, darauf die Mandarinen-
sauce verteilen und zum Schluss mit Biskuit-
krümeln bestreuen.

Für 6 Personen

Zutaten:

400 g Mandarinen (aus dem Glas,
z. B. von Natreen)
1 Päckchen Vanillepuddingpulver
(ohne Zucker)
500 ml Milch (0,3 % Fett)
250 g Quark (0,3 % Fett)
100 g Löffelbiskuits
Zucker oder Süßstoff

DESSERTS

0,2 Fettpunkte

ZIMTJOGHURT MIT FRUCHTSALAT

Für 4 Personen

Zutaten:
1 Banane
1 Mango
3 EL Orangensaft (ungesüßt)
1 TL Honig
600 g Joghurt (0,1 % Fett)
2 EL Vanillezucker
2 TL Zimt

1
Die Banane und Mango schälen und in kleine Stücke schneiden. Das Obst in einer Schüssel vermischen.

2
Den Orangensaft mit dem Honig glatt rühren und zur Bananen-Mango-Mischung geben.

3
Den Joghurt in einer weiteren Schüssel mit Vanillezucker und Zimt glatt rühren. 30 Minuten kalt stellen. Den Joghurt mit dem Fruchtsalat servieren.

 0,8 Fettpunkte

FROZEN YOGURT

Für 4 Personen

Zutaten:
250 g gemischtes Obst
(tiefgekühlt, z. B. Tropische Frucht-mischung)
100 g Zucker
1 ½ EL Speisestärke
250 ml Milch (0,3 % Fett)
5 EL Honig
250 g Joghurt (0,1 % Fett)

1
Das Obst etwas antauen lassen und pürieren.

2
Zucker und Stärke verrühren, mit der Milch aufgießen und zum Kochen bringen. Das Obst und den Honig dazugeben und die Masse erkalten lassen.

3
Den Joghurt unterrühren und die Masse in Eisförmchen füllen. Mindestens 7 Stunden in das Gefrierfach stellen.

0,0 Fettpunkte

APFELKOMPOTT

1

Die Äpfel schälen, entkernen und in grobe Stücke schneiden.

2

Die Äpfel in einem Topf mit Wasser knapp bedecken und 10 bis 15 Minuten köcheln lassen.

3

Den Zucker unterrühren und mit etwas Zimt abschmecken.

Für 4 Personen

Zutaten:
1 kg Äpfel (z. B. Boskop)
2 TL Zucker
Zimt

DESSERTS

0,0 Fettpunkte

HEISSE ANANAS

1

Agavensirup und Ananassaft verrühren und die Ananasscheiben darin 20 Minuten marinieren. Den Backofengrill auf 250 °C vorheizen.

2

Melissenblätter waschen, trocken tupfen und grob hacken. Die Ananasscheiben mit der Marinade in eine Auflaufform geben. Im heißen Backofen auf der oberen Schiene von beiden Seiten jeweils 3 Minuten grillen. Leicht abkühlen lassen und mit der Minze bestreuen.

Für 2 Personen

Zutaten:
2 TL Agavensirup
1 EL Ananassaft
4 Scheiben Ananas (frisch oder aus der Dose)
10 Blättchen frische Zitronenmelisse

 **4,7 Fettpunkte**

BEERENTIRAMISU

Für 6 Personen

Zutaten:

1 Päckchen Vanille-Puddingpulver
250 ml Milch (0,3 % Fett)
120 g Zucker
400 g Quark (0,5 % Fett)
100 g Sprühsahne (z. B. von
Natreen)
500 g Erdbeeren oder andere
Beeren
24 Löffelbiskuits
10 EL Orangensaft (ohne Zucker)

1
Den Vanillepudding nach Packungsanweisung, allerdings nur mit 250 ml Milch und 40 g Zucker zubereiten. Das ergibt einen sehr dicken Pudding. Unter Rühren abkühlen lassen, damit sich keine Haut bildet.

2
Den Quark und 80 g Zucker mit dem Handrührgerät 5 Minuten kräftig schlagen. Löffelweise den erkalteten Pudding unterrühren. Die Sahne vorsichtig unter die Quark-Pudding-Masse heben.

3
Die Erdbeeren putzen, waschen und klein schneiden. Die Erdbeeren (oder andere Beeren) ebenfalls vorsichtig unterheben.

4
Eine Form mit 12 Löffelbiskuits auslegen und mit der Hälfte des Orangensafts tränken. Die Hälfte der Creme daraufgeben. Die restlichen Löffelbiskuits darauf verteilen, erneut mit Orangensaft beträufeln. Mit dem Rest der Creme abschließen. Vor dem Servieren 1 Stunde in den Kühlschrank stellen.

1,5 Fettpunkte

KATRINS BISKUIT-APFEL-TRAUM

1

Die Löffelbiskuits in eine Auflaufform legen.
Das Apfelmus darauf verteilen.

2

Den Quark mit etwas Mineralwasser cremig
rühren. Den Frischkäse dazugeben und unterrühren. Bei Bedarf mit etwas Zucker oder flüs-
sigem Süßstoff süßen.

3

Die Masse vorsichtig auf das Apfelmus geben.
Mit Zimt bestreuen und ca. 3 Stunden kühl
stellen.

Für 8 Personen

Zutaten:
200 g Löffelbiskuits
1 Glas Apfelmus (720 ml;
z. B. von Natreen)
500 g Quark (0,3 % Fett)
Mineralwasser
400 g Frischkäse (0,2 % Fett)
Zucker oder Süßstoff
Zimt zum Bestreuen

DESSERTS

0,3 Fettpunkte

PFIRSICH-BANANEN-QUARK

Für 4 Personen

Zutaten:

1 Banane

etwas Zitronensaft

6 halbe Pfirsiche (aus dem Glas; z. B. von Natreen)

250 g Quark (0,3 % Fett)

500 g Joghurt (0,1 % Fett)

etwas Zucker oder Süßstoff

1

Die Banane schälen und in kleine Stücke schneiden. Mit dem Zitronensaft verrühren. Die Pfirsische abtropfen lassen und in kleine Würfel schneiden.

2

Den Quark mit dem Joghurt glatt rühren und nach Geschmack etwas süßen. Alle Zutaten miteinander vermischen und mindestens 2 Stunden kalt stellen.

0,5 Fettpunkte

VANILLECREME MIT BLAUBEEREN

1

Den Quark und Joghurt mit etwas Mineralwasser glatt rühren. Den Zucker einrieseln
lassen und das Vanillearoma unterrühren.

2

Die Blaubeeren putzen, waschen und je nach
Geschmack im Ganzen oder püriert unter den
Quark heben.

3

Das Eiweiß steif schlagen und unter die Quarkmasse heben. Die Creme vor dem Servieren
ca. 2 Stunden kalt stellen.

Für 4 Personen

Zutaten:
500 g Quark (0,3 % Fett)
250 g Joghurt (0,1 % Fett)
Mineralwasser
2 EL Zucker
2 Päckchen Bourbon-Vanillearoma
250 g Blaubeeren
2 Eiweiß

1,1 Fettpunkte

LEICHTE CRÊPES

Für 10 Stück

Zutaten:
250 g Mehl
500 ml Milch (0,3 % Fett)
3 Eiweiß
1 Eigelb
Salz
Honig, Puderzucker, Marmelade,
Frischkäse (nach Belieben)

1
Mehl, Milch, Eiweiße und Eigelb mit 1 Prise
Salz zu einem glatten Teig verrühren und
10 Minuten quellen lassen. Ist der Teig zu
dick, noch etwas Milch dazugeben.

2
Den Teig portionsweise in einer Crêpe- oder
beschichteten Pfanne dünn ausbacken. Nach
Belieben mit Honig, Puderzucker, Marmelade
oder Frischkäse bestreichen.

 1,0 Fettpunkte

GRIESSPUDDING

Für 2 Personen

Zutaten:
500 ml Milch (0,3 % Fett)
60 g Hartweizengrieß
Salz
30 g Zucker
1 Päckchen Vanillezucker
1 Eiweiß

1
Etwas Milch mit dem Grieß verrühren und einige Minuten quellen lassen. Unter ständigem
Rühren die restliche Milch und 1 Prise Salz dazugeben und kurz aufkochen lassen. Den Zucker und Vanillezucker dazugeben und ständig
weiterrühren.

2
Den Grießpudding vom Herd nehmen, kurz weiterrühren und etwas abkühlen lassen. Das Eiweiß steif schlagen und vorsichtig unter den
Grießpudding heben. Abkühlen lassen und
servieren.

 **7,2 Fettpunkte**

BISKUITNOCKEN MIT HIMBEERSAUCE

1

Den Backofen auf 150 °C (Umluft) vorheizen. Die Tiefkühl-Himbeeren antauen lassen.

2

Die Eier trennen. Das Eigelb mit 2 EL lauwarmem Wasser, dem Vanillezucker und Zitronensaft cremig rühren. Das Eiweiß mit 1 Prise Salz steif schlagen, dabei den Zucker einrieseln lassen. Den Eischnee unter die Eigelbmasse heben.

3

Das Mehl daraufsieben und vorsichtig unterheben. Die Masse in eine große oder vier kleinere Förmchen füllen und im vorgeheizten Ofen 20 Minuten backen.

4

In der Zwischenzeit die Himbeeren mit Stevia (nach Geschmack) pürieren. Die Biskuitnocken heiß servieren und die Himbeersauce dazu reichen.

Für 4 Personen

Zutaten:

300 g Himbeeren (tiefgekühlt)
4 Eier
1 Päckchen Bourbon-Vanillezucker
etwas Zitronensaft
Salz
4 EL Zucker
4 EL Mehl
Stevia-Streusüße

DESSERTS

KUCHEN & GEBÄCK

1,4 Fettpunkte

GRUNDREZEPT HEFETEIG

1

Weiche Margarine, Mehl, Salz, Zucker, Hefe, Milch und Ei in einer Schüssel mit dem Mixer zu einem glatten Teig verkneten. An einem warmen Ort (oder bei 50 °C im Backofen) 45 Minuten gehen lassen.

2

Den Teig nochmals gut durchkneten und auf dem Backblech ausrollen. Erneut 30 Minuten gehen lassen. Den Teig nach Geschmack herzhaft oder süß belegen. Bei 180 °C im vorgeheizten Backofen ca. 30 Minuten backen.

Für 24 Stücke

Zutaten:

50 g weiche Halbfettmargarine
(39 % Fett)

500 g Mehl

½ TL Salz

30 g Zucker

1 Päckchen Trockenhefe

250 ml Milch (0,3 % Fett)

1 Ei

KUCHEN & GEBÄCK

TIPP

Hefeteig ist die ideale Grundlage für z. B. Pizza oder Obstkuchen vom Blech wie Zwetschgenkuchen.

1,3 Fettpunkte

GRUNDREZEPT BISKUITBODEN

Für 12 Stücke

Zutaten:
2 Eier
2 Eiweiß
110 g Zucker
1 Päckchen Vanillezucker
Salz
80 g Mehl
40 g Speisestärke

1

Die Eier trennen. Alle 4 Eiweiß steif schlagen. 40 g Zucker einrieseln lassen und 1 Minute weiterschlagen. Kalt stellen.

2

Die Eigelbe mit dem restlichen Zucker, Vanillezucker, 1 Prise Salz und 4 EL lauwarmem Wasser verrühren und 6 Minuten weiterschlagen. Den Backofen auf 175 °C vorheizen.

3

Den Eischnee auf die Eigelbmasse geben und vorsichtig unterheben. Mehl und Speisestärke darüber sieben. Vorsichtig vermengen. Eine Springform (Durchmesser 26 cm) mit Backpapier belegen und den Teig darauf verteilen. Im vorgeheizten Ofen 25 Minuten goldgelb backen und 10 Minuten abkühlen lassen.

TIPP

Die Hälfte des Zuckers ersetze ich durch Stevia-Süßstoff. Den Biskuitboden nehme ich als Grundlage für jegliche Art von Obstkuchen und für Torten.

1,4 Fettpunkte

PFIRSICHTORTE

1

Den Biskuitboden nach dem Grundrezept zubereiten. Den Vanillepudding mit der angegebenen Menge Zucker und der Milch aufkochen. Etwas abkühlen lassen.

2

Die Masse auf dem Biskuitboden gleichmäßig verstreichen. Die Pfirsiche abtropfen lassen, dabei den Saft auffangen und die Pfirsiche in Spalten schneiden. Gleichmäßig auf dem Pudding verteilen.

3

Den Tortenguss nach Packungsanweisung mit dem Pfirsichsaft zubereiten. (Wenn der Saft nicht reicht, die angegebene Menge mit Wasser auffüllen.) Den Tortenguss über die Pfirsiche gießen und abkühlen lassen.

Für 12 Stücke

Zutaten:

1 Grundrezept Biskuitboden
(siehe Seite 202)
1 Päckchen Vanillepuddingpulver
Zucker nach Packungsangabe
500 ml Milch (0,1 % Fett)
1 Glas Pfirsiche (ca. 700 ml,
z. B. von Natreen)
2 Päckchen Tortenguss (klar)

KUCHEN & GEBÄCK

TIPP

Wer mag, kann dazu geschlagene Sahne (19 % Fett) dazu servieren. Diese muss dann aber extra berechnet werden.

 **2,3 Fettpunkte**

SCHNELLE MANDARINENTORTE

Für 12 Stücke

Zutaten:

1 Päckchen Götterspeisepulver
mit Zitrone (ohne Zucker)

600 g Mandarinen (z. B. von
Natreen)

500 g Quark (20 % Fett)

500 g Joghurt (0,1 % Fett)

Salz

flüssiger Süßstoff

Vanillearoma

12 Löffelbiskuits

1

Die Zitronengötterspeise mit 6 EL Wasser anrühren und ca. 10 Minuten quellen lassen. Die
Mandarinen abtropfen lassen.

2

Den Quark mit dem Joghurt, 1 kleinen Prise
Salz, einigen Tropfen Süßstoff und etwas Vanillearoma verrühren.

3

Die Löffelbiskuits in eine Tüte geben und zu
Bröseln schlagen (am besten mit einem
Fleischklopfer). Eine Springform (Durchmesser
26 cm) mit Backpapier auslegen und die Brö-
sel darin verteilen.

4

Die Götterspeise erwärmen und unter die
Quark-Joghurt-Masse rühren. Die Mandarinen –
einige für die Deko beiseitelegen – dazugeben
und unterrühren. Die Masse auf die Biskuitbrö-
sel in der Springform geben und glatt
streichen.

5

Ca. 4 Stunden in den Kühlschrank stellen.
Nach der Kühlzeit den Kuchen aus der Form
lösen und mit den restlichen Mandarinenspal-
ten garnieren.

 **4,0 Fettpunkte**

KNUSPERKEKSE

1

Die Eiweiße mit 1 Prise Salz zu sehr steifem Eischnee schlagen. Zucker, Vanillezucker und Kakao dazugeben und unterrühren. Das Mehl hinzufügen und alles gründlich verrühren.

2

Ein Backblech mit Backpapier auslegen. Den Teig gleichmäßig in kleinen Häufchen auf dem Blech verteilen. 15 Minuten kalt stellen.

3

Den Backofen auf 170 °C vorheizen. Die Kekse 12 bis 15 Minuten knusprig backen. Nach dem Backen die Kekse leicht abkühlen lassen und vorsichtig ablösen. In einer gut verschließbaren Dose aufbewahren.

Für die ganze Menge

Zutaten:
4 Eiweiß
Salz
100 g Zucker
1 Päckchen Vanillezucker
20 g Kakaopulver (stark entölt)
150 g Mehl

KUCHEN & GEBÄCK

 **3,7 Fettpunkte**

THEAS SCHOKO-BIRNEN-KUCHEN

Für 8 Stücke

Zutaten:

1 große Dose Birnen (ca. 825 g)

2 Eier

50 g Margarine (24 % Fett);
z. B. Die Leichte)

125 g Mehl

50 g Zucker

75 g Quark (0,3 % Fett)

15 g Kakaopulver (stark entölt)

1 TL Backpulver

1 Päckchen Tortenguss (klar)

1

Die Birnen in ein Sieb geben und den Saft auffangen. Die Eier trennen. Die Eiweiße steif schlagen.

2

Margarine, Mehl, Zucker, Quark, Eigelbe, Kakao und Backpulver in eine Schüssel geben und gut verrühren. Etwas Birnensaft dazugeben und weiterrühren, bis ein geschmeidiger Rührteig entsteht. Den Eischnee unterheben.

3

Den Teig am besten in eine Silikonform geben. Bei Verwendung einer Springform diese mit Backpapier auslegen, das bis über den Rand reichen sollte. Den Backofen auf 180 °C (Umluft) vorheizen.

4

Die abgetropften Birnenhälften in Scheiben kreisförmig auf dem Teig verteilen und den Kuchen im vorgeheizten Ofen ca. 25 bis 30 Minuten backen.

5

Den Tortenguss nach Packungsanweisung mit dem Birnensaft zubereiten und den abgekühlten Kuchen damit leicht überziehen.

 **3,3 Fettpunkte**

HONIGKUCHEN

1

Milch, Honig, Zucker oder Stevia, Vanillezucker, ½ TL Salz, Natron, Zitronen- und Orangenaroma und Zimt in einen Topf geben und leicht erwärmen. Dann das Mehl dazugeben und unterrühren.

2

Den Backofen auf 180 °C vorheizen. Eine Kastenform mit Backpapier auslegen und den Teig hineinfüllen. Im vorgeheizten Ofen etwa 50 Minuten backen.

Für 1 Kuchen

Zutaten:

250 ml Milch (0,3 % Fett)

100 g Honig

100 g Zucker (oder die Hälfte ersetzen durch Stevia-Streusüße)

1 Päckchen Vanillezucker

Salz

1 TL Natron

1 Päckchen Zitronenaroma

1 Päckchen Orangenaroma

1 TL Zimt

250 g Mehl

KUCHEN & GEBÄCK

 **2,5 Fettpunkte**

KÄSEKUCHEN EINMAL ANDERS

Für 12 Stücke

Zutaten:

2 Eier

2 Eiweiß

100 g Zucker (die Hälfte ersetze ich durch Stevia-Streusüße)

1 kg Quark (0,3 % Fett)

250 g Frischkäse (5 % Fett)

60 g Grieß

1 Päckchen Backpulver

2 Päckchen Vanillezucker

1 Päckchen Vanillepuddingpulver

1 Glas Schattenmorellen (ca. 370 ml, z. B. von Natreen)

1
Die Eier trennen. Die Eigelbe mit dem Zucker/Stevia und 2 EL heißem Wasser cremig rühren und unter den Quark heben.

2
Frischkäse, Grieß, Backpulver, Vanillezucker und Puddingpulver zur Quarkmasse geben. Die Mischung 1 Minute mit dem Mixer rühren. Die 4 Eiweiß steif schlagen und unter die Quarkmasse heben.

3
Den Backofen auf 170 °C vorheizen. Die Kirschen in einem Sieb abtropfen lassen. Eine Springform mit Backpapier auslegen und die Hälfte der Quarkmasse hineingeben. Die Kirschen darauf verteilen. Den Rest der Quarkmasse in die Springform geben und glatt streichen.

4
Den Kuchen im vorgeheizten Ofen 35 bis 45 Minuten backen. Abkühlen lassen und in 12 Stücke schneiden.

1,3 Fettpunkte*

SCHNELLE MUFFINS

1

Die Eier und den Zucker mit dem Küchenmixer verrühren. Dann das Mehl und das Backpulver nach und nach dazugeben. Den Joghurt dazugeben und unterrühren. Natron und Bittermandelaroma ebenfalls unterrühren.

2

Den Backofen auf 180 °C vorheizen. Den Teig in 12 Papier- oder Silikon-Muffinförmchen füllen und im vorgeheizten Ofen 15 bis 20 Minuten backen.

***16 Fettpunkte für 12 Stück**

Für 12 Stück

Zutaten:

2 Eier

100 g Zucker

180 g Weizenmehl

½ Päckchen Backpulver

200 g Joghurt (0,1 % Fett)

½ TL Natron

½ Fläschchen Bittermandelaroma

KUCHEN & GEBÄCK

1,0 Fettpunkte

ROSINEN-MUFFINS

Für 12 Stück

Zutaten:

50 g Rosinen

250 g Mehl

½ Päckchen Backpulver

Salz

½ TL Natron

100 g Zucker (nach Belieben die Hälfte des Zuckers durch Stevia ersetzen)

200 ml Milch (0,3 % Fett)

1 Eiweiß

1

Den Backofen auf 160 °C (Umluft) vorheizen. Die Rosinen in sehr heißem Wasser einweichen.

2

Das Mehl, das Backpulver, 1 Prise Salz, Natron, Zucker/Stevia und die Milch in eine Schüssel geben und mit einem Kochlöffel zu einem glatten Teig verrühren.

3

Das Eiweiß steif schlagen. Die Rosinen abtropfen lassen und unter den Teig rühren. Danach den Eischnee vorsichtig unterheben und den Teig in Silikon-Muffinförmchen geben. Ca. 15 bis 20 Minuten backen.

Wegen des fehlenden Fetts lassen sich die Muffins nicht gut aus Papierförmchen lösen. Ideal sind deshalb Silikonförmchen.

1,0 Fettpunkte

APFEL-MUFFINS

1

Ei, 1 Prise Salz, Puderzucker, Vanillezucker und Natron cremig rühren und die Buttermilch dazugeben. Mehl und Backpulver vermischen und unter den Teig heben.

2

Den Backofen auf 180 °C vorheizen. Die Äpfel schälen, entkernen und reiben. Mit dem Zimt vermischen und unter den Teig ziehen.

3

Den Teig gleichmäßig auf die Muffinförmchen verteilen und im vorgeheizten Ofen auf der mittleren Schiene ca. 25 Minuten backen.

Für 12 Stück

Zutaten:
1 Ei
Salz
100 g Puderzucker
1 Päckchen Vanillezucker
½ TL Natron
300 ml Buttermilch
275 g Mehl
2 TL Backpulver
250 g Äpfel
1 ½ TL Zimt

KUCHEN & GEBÄCK

 **4,5 Fettpunkte**

SUSIS MOHNSCHNECKEN

Für 12 Stücke

Zutaten:
500 g Mehl
1 Päckchen Trockenhefe
50 g Margarine (24 % Fett, z. B.
Die Leichte)
1 Ei
50 g Zucker
250 ml Milch (0,3 % Fett)
1 TL Zimt
Salz
100 g fertige Mohnfüllung
4 EL Milch (0,3 % Fett)

1

Mehl, Hefe, Margarine, Ei, Zucker, Milch, Zimt und 1 Prise Salz in eine Schüssel geben und alles zu einem glatten Teig verkneten. Den Teig mindestens 2 Stunden, besser über Nacht ruhen lassen.

2

Den Teig zu einem Rechteck ausrollen. Die Mohnmasse nach Packungsanweisung anrühren und auf dem Teig verstreichen. Den Teig von der langen Seite des Rechtecks aufrollen und in ca. 3 cm dicke Scheiben schneiden.

3

Die Scheiben auf ein mit Backpapier ausgelegtes Backblech legen. Mit Milch bestreichen und ca. 60 Minuten gehen lassen. Im vorgeheizten Ofen bei 180°C ca. 15 Minuten backen.

0,0 Fettpunkte

BAISER

1

Die Eiweiße mit 1 Prise Salz und Zitronensaft in eine trockene und fettfreie Schüssel geben und steif schlagen. Den Puderzucker unter ständigem Rühren nach und nach einrieseln lassen. Die Masse so lange weiterschlagen, bis sich der Zucker aufgelöst hat und eine feste Creme entstanden ist.

2

Den Backofen auf 100 °C vorheizen. Die Eischneemasse mit 2 Löffeln auf ein mit Backpapier ausgelegtes Backblech setzen. Das Baiser im vorgeheizten Backofen 1 ½ bis 2 Stunden trocknen lassen. Danach den Backofen ausschalten und die Baiser bei leicht geöffneter Backofentür im Ofen abkühlen lassen.

Für die ganze Menge

Zutaten:
2 Eiweiß
Salz
einige Tropfen Zitronensaft
100 g Puderzucker

KUCHEN & GEBÄCK

FETTARME KLASSIKER

 **3,3 Fettpunkte**

ERBSENSUPPE

1

Die Erbsen über Nacht in 1 l kaltem Wasser einweichen.

2

Die Zwiebeln schälen und klein schneiden. Den Schinken in Würfel schneiden. Zwiebeln und Schinken in wenig Mineralwasser scharf anbraten.

3

Die Erbsen im Einweichwasser mit Brühe würzen, Zwiebeln und Schinken dazugeben. 30 Minuten köcheln lassen.

4

Lauch, Möhren und Kartoffeln putzen bzw. schälen und klein schneiden. Ebenfalls in die Suppe geben und erneut 20 bis 30 Minuten köcheln lassen. Die Wiener Würstchen zum Schluss in der Suppe erwärmen, die Suppe aber nicht mehr kochen lassen.

Originalrezept: 32 FP pro Person.

Für 4 Personen

Zutaten:
300 g getrocknete grüne Erbsen
2 Zwiebeln
100 g gekochter Schinken
(3 % Fett)
Mineralwasser
2 EL Instant-Brühe
1 Stange Lauch
2 Möhren
300 g Kartoffeln
4 Wiener Würstchen (5 % Fett)

FETTARME KLASSIKER

 **4,2 Fettpunkte**

ÜBERBACKENE ZWIEBELSUPPE

Für 4 Personen

Zutaten:

600 g Zwiebeln

Salz und Pfeffer

1 TL Paprikapulver (edelsüß)

3 TL Instant-Gemüsebrühe

3 Stiele Petersilie

4 Scheiben Toastbrot

75 g geriebener Gouda (17 % Fett)

1

Zwiebeln schälen und in dünne Scheiben schneiden. In einer beschichteten Pfanne anbraten. Mit Salz, Pfeffer und Paprika würzen, kurz anschwitzen.

2

Mit 500 ml Wasser ablöschen und aufkochen. Die gekörnte Brühe unterrühren. Alles 15 Minuten köcheln lassen.

3

Die Petersilie waschen, trocken schütteln und die Blätter hacken. Zur Suppe geben. Die Suppe mit Paprika, Salz und Pfeffer abschmecken und in Suppentassen verteilen.

4

Das Toastbrot toasten, jeweils 1 Scheibe auf die Suppe geben, mit Käse bestreuen und unter dem Grill im Ofen goldbraun überbacken, bis der Käse zerlaufen ist.

Originalrezept: 14 FP pro Person.

 **8,8 Fettpunkte**

KÖNIGSBERGER KLOPSE

1

Die Zwiebel schälen und klein schneiden. Das Ei trennen. Die Zwiebel mit dem Tatar, dem Eiweiß und dem Paniermehl in eine Schüssel geben. Alles gut durchkneten und mit Salz und Pfeffer würzen. Aus der Masse Klopse formen.

2

Salzwasser mit den Lorbeerblättern zum Kochen bringen und die Klopse darin ca. 5 bis 10 Minuten sieden lassen. Die Klopse aus dem Wasser nehmen und das Kochwasser durch ein Sieb gießen, auffangen und 500 ml davon abmessen.

3

In einem Topf die Margarine (bei Halbfettmargarine darauf achten, dass die Sorte auch zum Kochen geeignet ist) schmelzen lassen und das Mehl unter ständigem Rühren dazugeben und anschwitzen. Unter Rühren die Brühe dazugießen und ca. 5 Minuten köcheln lassen.

4

Die Milch und das Eigelb verrühren und die Kapern dazugeben. Die Mischung vorsichtig unter Rühren in die Sauce geben, aber nicht mehr kochen lassen! Mit Salz, Pfeffer und einem Spritzer Zitronensaft abschmecken. Dazu passen Petersilienkartoffeln oder Reis.

Originalrezept: 32 FP pro Person.

Für 4 Personen

Zutaten:
1 Zwiebel
1 Ei
400 g Tatar
30 g Paniermehl
Salz und Pfeffer
12 Lorbeerblätter
30 g Halbfettmargarine (39 % Fett)
30 g Mehl
75 ml Milch (1,5 % Fett)
10 g Kapern
Zitronensaft

FETTARME KLASSIKER

 9,7 Fettpunkte

FRIKADELLEN

Für 3 Stück

Zutaten:

1 Zwiebel
einige Petersilienstiele
300 g Tatar
50 g Quark (0,5 % Fett)
1 Eiweiß
1 EL Senf
1 EL Paniermehl
Salz und Pfeffer
Mineralwasser

1

Die Zwiebel schälen und klein schneiden. Die Petersilie waschen, trocken schütteln und die Blätter klein schneiden.

2

Zwiebel und Petersilie mit Tatar, Quark, Eiweiß, Senf und Paniermehl in eine Schüssel geben. Mit Salz und Pfeffer würzen und alles gut verkneten. Mit angefeuchteten Händen aus der Masse Frikadellen formen.

3

In eine beschichtete Pfanne ein wenig Mineralwasser geben und erhitzen. Wenn das Wasser dampft, die Frikadellen in die Pfanne legen und auf beiden Seiten je nach Dicke etwa 3 bis 4 Minuten braten.

Originalrezept: 15 FP pro Person.

TIPP

Wer mag, kann die Frikadellen auch mit 1 TL Öl braten. Dann zusätzlich noch 5 FP dazurechnen.

 8,0 Fettpunkte

GRÜNKOHL

1

Grünkohl auftauen lassen und in einem Topf mit etwas heißem Wasser kurz aufkochen. Das Wasser abgießen. Die Zwiebel schälen und in kleine Würfel schneiden.

2

Das Öl in einer Pfanne erhitzen. Die Zwiebel- und Schinkenwürfel darin anbraten. Zu dem Grünkohl geben. Mit etwas Brühe aufgießen und 15 bis 20 Minuten kochen lassen. Apfelmus unterrühren, Kassler und Pfefferbeißer dazugeben und erneut 10 Minuten kochen.

3

Den Grünkohl mit Salz, Pfeffer und Zucker würzen. Die Kartoffeln schälen und in Salzwasser 20 Minuten kochen. Zum Grünkohl servieren.

Originalrezept: 35 FP pro Person.

Für 4 Personen

Zutaten:
1 kg Grünkohl (tiefgekühlt)
1 Gemüsezwiebel
1 TL Öl
200 g Schinkenwürfel (2 % Fett)
1 Würfel Fleischbrühe
1 kleines Glas Apfelmus
(ca. 350 g)
400 g Kassler (4 % Fett)
4 Pfefferbeißer (3 % Fett)
Salz und Pfeffer
Zucker
1 kg Kartoffeln

FETTARME KLASSIKER

Grünkohl
schmeckt auf-
gewärmt noch
besser!

 **9,1 Fettpunkte**

Kohlrouladen

Für 4 Personen

Zutaten:

1 Wirsing oder Weißkohl
1 Zwiebel
400 g Tatar
25 g Paniermehl
1 Eiweiß
Salz und Pfeffer
1 TL gemahlener Kümmel
2 TL Öl
500 ml Fleischbrühe
200 ml Cremefine (7 % Fett)
Saucenbinder nach Belieben

1
Vom Kohlkopf 12 Kohlblätter ablösen und kurz blanchieren. Kalt abschrecken und trocken tupfen.

2
Die Zwiebel schälen und klein schneiden. Zwiebel, Tatar, Paniermehl und Eiweiß in eine Schüssel geben. Mit Salz, Pfeffer und Kümmel würzen und alles gut verkneten.

3
Aus der Masse kleine Klopse formen und auf den Kohlblättern verteilen. Die Blätter seitlich einschlagen, aufrollen und mit Küchengarn zusammenbinden.

4
Die Kohlrouladen in einer hohen Pfanne im Öl scharf anbraten. Mit Brühe aufgießen. Zugedeckt 30 Minuten schmoren lassen. Nach Ende der Garzeit die Rouladen herausnehmen und die Flüssigkeit mit Cremefine aufgießen. Etwas einkochen lassen oder mit etwas Saucenbinder nach Belieben andicken. Mit wenig Salz und Pfeffer abschmecken. Dazu passen Salzkartoffeln.

Originalrezept: 37 FP pro Person.

 **12,3 Fettpunkte**

RINDERROULADEN

1

Die Zwiebeln schälen, eine in Ringe, die andere in Würfel schneiden. Die Gurken, die Möhren und den Schinken klein schneiden.

2

Die Rouladen nebeneinanderlegen, salzen und pfeffern und mit Senf bestreichen. Zwiebelringe, Gurken und Schinken auf den Rouladen verteilen. Die Rouladen aufrollen und mit Rouladennadeln oder Zahnstochern feststecken.

3

Das Öl erhitzen und die Rouladen darin rundum anbraten. Herausnehmen und Möhren- und Zwiebelwürfel im Bratfett anrösten. Das Tomatenmark hinzufügen und mitrösten. Mit etwas Brühe auffüllen, einkochen lassen, dann die restliche Brühe dazugeben. Die Rouladen auf das Gemüse legen, sie sollten mit der Flüssigkeit fast ganz bedeckt sein. Zugedeckt bei mittlerer Temperatur 1 Stunde schmoren lassen.

4

Danach den Deckel einen Spalt öffnen und die Rouladen 1 weitere Stunde schmoren lassen. Die Rouladen während der gesamten Schmorzeit 2-mal wenden. Nach Ende der Garzeit die Rouladen herausnehmen und die Sauce durch ein Sieb gießen. Die Sauce nach Belieben mit Saucenbinder binden und mit Salz und Pfeffer abschmecken. Die Rouladen mit der Sauce anrichten. Dazu passt Kartoffelpüree.

Originalrezept: 24 FP pro Person.

Für 4 Personen

Zutaten:

2 Zwiebeln

150 g Gewürzgurken

100 g Möhren

150 g Schinken (3 % Fett)

4 Rouladen (à 200 g)

2 TL Öl

Salz und Pfeffer

Senf

2 EL Tomatenmark

500 ml Fleischbrühe

Saucenbinder

FETTARME KLASSIKER

 **13,3 Fettpunkte**

GULASCH

Für 1 Person

Zutaten:
50 g Zwiebeln
100 g Rindfleisch
100 g Paprikaschoten
1 TL Öl
1 EL Tomatenmark
1 TL Paprikapulver
getrockneter Majoran
Salz und Pfeffer
100 g Nudeln (z. B. Spiralnudeln)
1 EL saure Sahne (10 % Fett)

1
Die Zwiebeln schälen und klein schneiden.
Das Fleisch in kleine Stücke schneiden. Die
Paprika putzen, waschen und in kleine Streifen
schneiden.

2
Die Zwiebeln im Öl anbraten. Das Fleisch dazugeben und ebenfalls anbraten. Die Paprika dazugeben und unterrühren.

3
Das Tomatenmark darin kurz anschwitzen, mit
Paprikapulver und Majoran bestreuen und mit
wenig Wasser ablöschen. Alles gut verrühren,
mit Salz und Pfeffer würzen und das Gulasch
etwa 1 ½ Stunden garen. Bei Bedarf noch
etwas Wasser dazugießen.

4
Die Nudeln 10 Minuten nach Packungsanweisung in Salzwasser garen. Das Gulasch mit
saurer Sahne verfeinern und die Nudeln dazu
servieren.

Originalrezept: ca. 36 FP pro Person.

 **4,0 Fettpunkte**

KARTOFFELGRATIN

1

Kartoffeln mit der Schale gar kochen, abkühlen lassen, pellen und in Scheiben schneiden.

2

Die Zwiebeln schälen und klein schneiden. Mit den Schinkenwürfeln in wenig Mineralwasser anbraten.

3

Die Milch erhitzen und den Kräuterkäse dazugeben und schmelzen lassen. Den Backofen auf 180 °C vorheizen.

4

Die Kartoffeln in eine Auflaufform schichten und die Zwiebel-Schinken-Mischung darauf verteilen. Mit der Käsesauce übergießen. Das Kartoffelgratin im vorgeheizten Ofen 15 bis 20 Minuten überbacken.

Originalrezept: ca. 20 FP pro Person.

Für 4 Personen

Zutaten:
1 kg Kartoffeln
2 Zwiebeln
150 g Schinkenwürfel (2 % Fett)
250 ml Milch (0,3 % Fett)
150 g Kräuterschmelzkäse
(8 % Fett)

FETTARME KLASSIKER

 **5,5 Fettpunkte**

BRATKARTOFFELN

Für 2 Personen

Zutaten:

600 g Kartoffeln
1 TL Instant-Gemüsebrühe
200 g roher Schinken (3 % Fett)
1 mittelgroße Zwiebel
1 Knoblauchzehe
1 TL Öl
Salz und Pfeffer
Chili- und Paprikapulver
Muskatnuss

1
Kartoffeln schälen, waschen und in Scheiben schneiden. In der Gemüsebrühe 15 Minuten kochen, abgießen und trocken tupfen.

2
Den Schinken in grobe Würfel schneiden, in einer beschichteten Pfanne fettfrei kross anbraten und herausnehmen. Zwiebel und Knoblauch schälen und klein schneiden.

3
Das Öl in der Pfanne erhitzen. Die Kartoffeln bei mittlerer Hitze darin braten. Alle 5 Minuten wenden, bis die Bratkartoffeln Farbe angenommen haben.

4
Nach ca. 15 Minuten Zwiebel und Knoblauch dazugeben. Jetzt alle 2 bis 3 Minuten wenden, damit Zwiebel und Knoblauch nicht anbrennen.

5
Den Schinken dazugeben und mit Salz, Pfeffer, Chili, Paprika und Muskatnuss würzig abschmecken.

**Originalrezept: ca. 23 FP für
250 g Bratkartoffeln.**

 **6,2 Fettpunkte**

ZWIEBELKUCHEN

1

Mehl, Backpulver, Salz, weiche Margarine und Mineralwasser zu einem Teig verrühren. 30 Minuten kalt stellen.

2

Für den Belag die Zwiebeln schälen und klein schneiden. Mit den Schinkenwürfeln im Öl anbraten und ca. 20 Minuten dünsten. Zwischendurch immer ganz wenig Mineralwasser nachgießen, damit nichts anbrennt.

3

Eier, Frischkäse und Milch verrühren. Zwiebeln und Schinken dazugeben und mit Salz und Pfeffer würzen. Den Backofen auf 180 °C vorheizen.

4

Den Teig ausrollen und in eine mit Backpapier ausgelegte Springform (26 cm Durchmesser) geben. Den Rand etwas hoch drücken. Die Masse einfüllen und den Zwiebelkuchen im vorgeheizten Ofen ca. 30 Minuten backen.

Originalrezept: 27 FP pro Stück.

Für 12 Stücke

Für den Teig:
150 g Mehl
½ TL Backpulver
½ TL Salz
100 g weiche Halbfettmargarine (39 % Fett)
2 EL Mineralwasser

Für den Belag:
800 g Zwiebeln
250 g Schinkenwürfel (3 % Fett)
1 TL Öl
3 Eier
250 g Frischkäse (0,2 % Fett)
100 ml Milch (0,3 % Fett)
Salz und Pfeffer

FETTARME KLASSIKER

 **11,0 Fettpunkte**

SPARGEL MIT SCHINKEN UND SAUCE HOLLANDAISE

Für 4 Personen

Zutaten:

1 kg Spargel

Salz, Zitronensaft, Zucker

400 g geräucherter oder roher
Schinken (3 % Fett)

400 ml Sauce hollandaise
(8 % Fett, Fertigprodukt)

800 g Kartoffeln

1

Den Spargel schälen, die Enden abschneiden
und den Spargel waschen. In kochendem Salzwasser mit etwas Zitronensaft und Zucker
12 bis 15 Minuten garen. Herausnehmen und
abtropfen lassen.

2

Den Schinken zu kleinen Röllchen aufrollen
oder in Scheiben auf einer Platte anrichten.
Die Sauce hollandaise in einem Topf
erwärmen.

3

Die Kartoffeln schälen und in Salzwasser ca.
20 Minuten garen.

4

Den Spargel mit dem Schinken, der Sauce hollandaise und den Kartoffeln servieren.

Originalrezept: 64 FP pro Person.

1,6 Fettpunkte

GRIESSBREI MIT BEEREN

1

Die Beeren etwas antauen lassen. Die Milch in einem Topf aufkochen. Den Grieß in etwas kalter Milch anrühren und in die kochende Milch einrühren, bis eine sämige Masse entsteht. Dabei immer kräftig rühren.

2

Die angetauten Beeren pürieren und mit Zucker oder Süßstoff (nach Geschmack) und Zitronensaft süßen. Dann unter die Grießmasse heben und vorsichtig verrühren. Warm servieren.

Originalrezept: 9,3 FP pro Person.

Für 2 Personen

Zutaten:

300 g gemischte Beeren (tiefgekühlt)

500 ml Milch (0,3 % Fett)

150 g Grieß

Zucker oder Süßstoff

etwas Zitronensaft

1,6 Fettpunkte

MILCHREIS

Für 4 Personen

Zutaten:
1 l Milch (0,3 % Fett)
Salz
40 g Zucker
200 g Milchreis
Zimt

1
Die Milch mit 1 Prise Salz und dem Zucker in einem Topf aufkochen. Den Milchreis hinzufügen, unterrühren und erneut aufkochen lassen.

2
Den Reis bei schwacher Hitze ca. 30 Minuten im Topf quellen lassen, dabei immer wieder rühren. Zum Servieren den Milchreis mit Zimt bestreuen.

Originalrezept: 5,5 FP pro Person.

 **5,0 Fettpunkte**

EINFACHE WAFFELN

Für 10 Stück

Zutaten:
150 g Margarine (24 % Fett)
50 g Zucker
2 TL Stevia-Streusüße oder 20 g Zucker mehr
1 kleines Fläschchen Vanillearoma
Salz
1 Ei
200 ml Milch (0,1 % Fett)
200 g Mehl, 1 TL Backpulver
1 TL Öl

1
Die Margarine mit Zucker, Stevia, Vanillearoma und 1 Prise Salz schaumig schlagen. Ei und Milch dazugeben und gut unterrühren. Mehl und Backpulver dazugeben und untermischen. Den Teig 30 Minuten kalt stellen.

2
Das Waffeleisen vorheizen und mit dem Öl einfetten. Den Teig darin portionsweise goldbraun zu 10 Waffeln ausbacken.

 4,5 Fettpunkte

PFLAUMENKUCHEN

1

Mehl, Backpulver, Quark, Öl, Ei, Süßstoff und
1 Prise Salz zu einem glatten Teig verkneten.
Den Teig in eine gefettete Springform (Durchmesser 26 cm) legen und einen Rand hoch
drücken. Den Teig mit einer Gabel mehrmals
einstechen. Den Backofen auf 180 bis 200 °C
vorheizen.

2

Die Pflaumen waschen, halbieren, entsteinen
und fächerartig auf dem Teig verteilen. Mit
etwas Zimt bestreuen. Den Pflaumenkuchen
im vorgeheizten Ofen 30 Minuten backen.

Für 12 Stücke

Zutaten:

150 g Mehl

1 Päckchen Backpulver

75 g Quark (0,5 % Fett)

3 EL Öl

1 Ei

1 TL Süßstoff

Salz

600 g Pflaumen

Zimt

TIPP

**Ein
herkömmli-
cher Quark-Öl-
Teig enthält ca.
15 bis 20 FP
pro Stück.**

FETTTABELLE

Brot		Fett in g
Baguette	3 Scheiben	0,4
Baguettebrötchen	1 Stück	0,4
Croissant (Bäckerei)	1 Stück	18,8
Ciabatta (50g)	1 Stück	0,9
Eiweißbrot	100 g	10,0
Knäckebrot	2 Scheiben	0,3
Knäckebrot, Köstlich	1 Scheibe	1,0
Knäckebrot, Mehrkorn	1 Scheibe	0,3
Knäckebrot, Mjölk	1 Scheibe	0,2
Knäckebrot, Roggen Dünn	1 Scheibe	0,2
Knäckebrot, Rustikal	1 Scheibe	0,2
Knusperbrot, Roggen	4 Scheiben	1,0
Laugenbrezel/Laugenbrötchen	50 g	1,0
Mehrkornbrot	1 Scheibe	1,0
Mehrkornbrötchen	1 Stück	3,6
Mischbrot	1 Scheibe	1,0
Milchbrötchen o. Rosinen	1 Stück	1,0
Pumpernickel	1 Scheibe	0,6
Reiswaffel, Vollkorn	1 Stück	0,2
Reiswaffel, Vollkorn/Schoko	1 Stück	4,2
Roggenbrot	1 Scheibe	0,6
Roggenmischbrot	1 Scheibe	0,7
Rosinenbrot	1 Scheibe	2,9
Sechskornbrot	1 Scheibe	1,0
Schoko-Croissant	1 Stück	27,8
Toastbrot Weizen	1 Scheibe	1,0
Toastbrot Vollkorn	1 Scheibe	1,0
Sonnenblumenbrot (Korn an Korn)	1 Scheibe	5,0
Vierkornbrot	1 Scheibe	1,0
Vollkornbrot	1 Scheibe	1,0
Vollkornbrot aus Dinkel	1 Scheibe	1,0
Vollkornbrot m. Sonnenblumenkernen	1 Scheibe	4,0

Vollkornbrötchen	1 Stück	1,0
Weißbrot	1 Scheibe	0,6
Weißbrot mit Rosinen	1 Scheibe	2,0
Weizenbrötchen	1 Stück	1,1
Weizentoastbrot	2 Scheiben	2,3
Weltmeisterbrötchen	1 Stück	5,0
Zwieback	1 Scheibe	0,8
Brotaufstriche		
Marmelade (alle Sorten		0,0
Erdnusscreme	1 geh. TL	10,0
Erdnuss-/Haselnuss-/Mandelmus	1 geh. TL	18,0
Honig	1 geh. TL	0,0
Nuss-Nougat-Creme	1 geh. TL	6,0
Le Parfait	25 g	6,0
Milka Philadelphia 14 %	10 g	1,4
Vegetarische Streichcreme	25 g	5,0
Eier		
Hühnerei 1 St.	58 g	6,6
Hühnereigelb, roh 1 St.	19 g	6,1
Hühnereiweiß, roh 1. St.	36 g	0,0
Wachtelei 1 St.	12 g	1,3
Fastfood		
McDonald's		
Frühstück		
Rösti	2 Stück	18
Mc Croissant		18
Ham & Eggs		21
Egg Mc Muffin		22
Sweet Breakfast (ohne Streichfett)		28
Sandwiches		
Hamburger		9
Cheeseburger		13
Mc Fish		7,0

Mc Rib		21
Gemüse Mac		25
Big Mac		26
Hamburger Royal		27
Chicken und Saucen		
Chicken Mac Nuggets 6er		12
Mac Chicken		23
Süßsaure Sauce		0
Barbecuesauce		0
Senfsauce		3
Salate / Pommes		
Mexicana-Salat		2
Chefsalat		9
Italian Dressing	1 Portion	7
Thousand Island Dressing	1 Portion	7
French Dressing		8
Pommes frites	(mittlere Portion)	17
Desserts		
Apfeltasche		12
Kirschtasche		13
Donuts (Zucker)		17
Donuts (Schoko)		18
Eis		
Sundae Eis in der Waffel		4,0
Sundae Eis mit Schokosoße		8,0
Sundae Eis mit Karamelsoße		6,0
McFlurry Smarties		11,0
McFlurry Bounty		17,0
McFlurry Daim / M&M		14,0
Milchshakes		
Vanille		8
Erdbeer		8
Schoko		8

Nordsee		
Alaska-Seelachs 1 St.	460 g	31,8
Backfisch-Baguette 1 St.	185 g	15,3
Bismarck-Baguette 1 St.	175 g	5,1
Fischfrikadelle 1 St.	165 g	9,7
Fish & Chips mit Remoulade	1 Packung groß	48,9
Garnelen-Baguette 1 St.	165 g	11,6
Heisser Backfisch 1 St.	260 g	27,7
Nordseekrabben-Baguette 1 St.	130 g	14,7
Seelachsfilet v. Grill 1 Teller	560 g	33,3
Wrap, Garnele-Pute, 1 St.	175 g	12,6
Wrap, Räucherlachs, 1 St.	175 g	16,1
Burger King		
Bacon Cheeseburger 1 St.	132 g	16,9
Big King 1 St.	198 g	33,3
Big King XXL 1 St.	357 g	58,5
Cheeseburger 1 St.	122 g	14,1
Chicken Nugget Burger 1 St.	133 g	18,2
Chrispy Chicken 1 St.	183 g	29,9
Double Cheeseburger 1 St.	171 g	25,0
Double Whopper 1 St.	355 g	51,0
Hamburger 1 St.	110 g	10,8
King Pommes 1 Pack. groß	142 g	16,3
Starbucks		
Kuchen		
Karamell Brownie		36,0
Blaubeer Muffin light		11,0
Himbeer Tartelette		15,0
Rich Chocolate Cookie		16,0
Brot		
Breakfast Panini		18,0
Croissant		13,0
Salami Bagel		22,0

Sesam Bagel		4,1
Vollkorn Kürbiskern Bagel		9,8
Getränke		
Caramel Cream Frappuccino® Blended Crème – Grande Magermilch ohne Sahne		0,7
Coconut Chocolate Cream Frappuccino® Blended Crème – Venti Magermilch mit Sahne		14,0
Fresh Cup Pesto®		21,0
Vanilla Cream Frappuccino® Blended Crème – Tall Vollmilch mit Sahne		11,0
Fertiggerichte		
Kartoffelsuppe mit		
Wiener Würstchen (TK)	400 g	14,4
Käse-Lauchsuppe (TK)	300 g	23,7
Klare Brühe	260 ml	0,3
Klare Gemüsebrühe	260 ml	0,3
Klare Hühner-Bouillon	260 ml	1,0
Klare Rindsbouillon	260 ml	0,9
Linsen-Eintopf	400 g	12,4
Möhreneintopf/ Hackb. (TK)	400 g	18,4
Ochsenschwanzsuppe	250 ml	4,2
Reistopf mit Fleischklößchen	400 g	9,6
Rindfleisch-Nudeltopf	400 g	6,4
Serbischer Bohnen-Eintopf	400 g	5,6
Spargelcremesuppe	250 g	7,5
Spargelcremesuppe fettarm	250 ml	1,7
Tomate Nudel, Heisse Tasse	175 g	2,3
Tomatencremesuppe	250 g	4,0
Tomatencremesuppe fettarm	250 ml	0,8
Ungarische Gulaschsuppe	250 g	6,0
Ungarische Gulaschsuppe (TK)	350 g	11,9
Waldpilzcremesuppe fettarm	250 ml	1,7
Waldpilz Nudel, Heisse Tasse	175 g	3,9
Zwiebelsuppe	250 ml	0,7

5 Minuten Terrinen v. Maggi	je 250 ml	
Brokkoli-Nudeltopf		6,0
Gulaschtopf		7,0
Hühner-Nudeltopf		3,0
Kartoffelbrei mit Créme fraîche		18,0
Kartoffelbrei mit Fleischklößchen		10,0
Nudeln in Rahmsoße		12,0
Nudeln in Gulaschsoße		7,0
Nudeln in Waldpilzrahmsoße		12,0
Spaghetti Bolognese		8,0
Spaghetti in Tomatensoße		6,0
Fertiggerichte (Tiefkühlkost)		
Asia Knusperente	138 g	17,9
Asiapfanne, Hähnchen Curry	430 g	9,0
Asiapfanne, Hähnchen süß-sauer	430 g	4,0
Chicken Wings ca. 4 St.	160 g	22,7
Chinesische Knusperente 1 Schale	550 g	40,7
Cordon bleu, vom Schwein 1 St.	167 g	8,0
Döner Kebap, (Rind, Huhn)	150 g	23,4
Geschnetzeltes Züricher Art	400 g	19,2
Hack-Wirsing Pfanne	350 g	18,0
Hähnchen Curry	250 g	5,5
Hähnchen Geschnetzeltes	250 g	9,8
Hähnchen-Schnitzel Cordon bleu 1 St.	140 g	3,8
Hühner Frikassee	300 g	13,8
Jägerpfanne	300 g	6,0
Kohlroulade	480 g	16,3
Königsberger Klopse in Kapernsoße	250 g	26,5
Putencurry	250 g	6,8
Putenstreifen Pfanne	350 g	7,0
Rinderroulade	460 g	13,8
Rindersaftgulasch	400 g	10,8
Sauerbraten in Soße	250 g	6,8

Wiener Hähnchen-Schnitzel 1 St.	142 g	12,2
Wiener Schnitzel 1 St.	180 g	26,3
Zwiebel-Sahne-Hähnchen-Topf	400 g	12,4
Tiefkühlgemüse	**je 100 g**	
Apfel-Rotkohl		2,0
Balkangemüse		1,0
Brechbohnen		0,0
Brokkoli Röschen		1,0
Chinesische Gemüsepfanne		5,0
Erbsen und Karotten		0,0
Frühlingsrollen		6,0
Grünkohl fix & fertig		13,6
Junger Spinat		1,0
Leipziger Allerlei mit Butter		7,0
Rahm-Kohlrabi		5,0
Rahm-Porree		4,0
Rahm-Spinat		3,0
Rosenkohl		3,0
Suppengemüse		1,0
Baguettes (TK)		
2 Baguettes Bolognese	250 g	18,0
2 Baguettes Champignon	250 g	24,0
2 Baguettes Salami	250 g	22,0
2 Baguettes Tomate-Käse	250 g	24,0
2 Schlemmer Baguettes Hawaii	250 g	18,0
2 Schlemmer Baguettes Provence	250 g	34,0
Pizza (TK)		
Pizza Salami		44,0
Pizza Schinken		38,0
Pizza Spinat		27,0
Pizza Balance (Wagner)		10,2
Vollkornpizza		32,0

Fertigsuppen		
Tassensuppen	(1 Teller = 250 ml)	
Hühner Suppe		1,0
Blumenkohlcremesuppe		4,0
Champignoncremesuppe		2,0
Maggi Käse–Nudeltopf		14,0
Minuto Nudeltopf asiatisch		11,0
Tomatencremesuppe		3,0
Dosensuppen		
Erbensuppe Bassermann	425 ml	20,0
Serbischer Bohnentopf Bassermann	425 ml	16,0
Champignonrahmsuppe Knorr	200 ml	6,0
Champignoncremesuppe Lacroix	200 ml	12,0
Doppelte Kraftbrühe Laxroix	200 ml	< 1,0
Erbentopf mit Speck Maggi	325 ml	10,0
Nudeltopf mit Huhn Maggi	325 ml	21,0
Chinesische Hühnersuppe Unox	200 ml	2,0
Leberknödelsuppe Unox	200 ml	10,0
Tütensuppe		
Champignoncremesuppe Croutons		13,0
Deftiger Erbsentopf mit Speck		3,0
Chinesische Gemüsesuppe Maggi		5,0
Lauchcremesuppe Maggi		9,0
Fertig-Teig		
Blätterteig Back'n Roll (Herta)	100 g	26,0
Pizzateig Pizza Kid (Knack & Back)	100 g	1,3
Burger		
1 Cheeseburger, TK – Iglo Bistro	140 g	18,0
1 Chickenburger TK-Iglo-Bistro	145 g	16,0
1 Fischburger TK-Käpt'n Iglo	160 g	15,0
1 Hamburger Tk-Iglo-Bistro	140 g	7,0
Fisch und Meeresfrüchte		
Aal	150 g	36,8

Aal, geräuchert	75 g	21,5
Austern	85 g	1,0
Barsch	150 g	1,2
Brathering	75 g	1,4
Bückling	100 g	15,5
Flunder	150 g	1,1
Flunder, geräuchert	75 g	1,4
Flusskrebs	100 g	0,5
Forelle, Bachforelle	150 g	4,1
Forelle, geräuchert	75 g	2,7
Garnelen	100 g	1,4
Hecht	150 g	1,4
Heilbutt	150 g	2,4
Hering	100 g	13,8
Hering, in Gelee	50 g	6,3
Hering, Matjes	100 g	22,5
Hering/Bismarckhering	120 g	19,2
Heringsfilet in Tomatensoße	120 g	18,0
Heringssalat mit Roter Bete	100 g	23,0
Hummer	100 g	1,9
Jakobsmuschel	100 g	1,9
Kabeljau	150 g	0,9
Karpfen	150 g	7,2
Kaviar	5 g	0,8
Kaviarersatz	5 g	0,3
Krabben/Nordsee	100 g	1,1
Krebsfleisch in Dosen	100 g	1,7
Lachs, aus Zucht	150 g	20,4
Lachs, geräuchert	75 g	14,6
Lachs, Konserve in Öl	75 g	17,1
Lachs, roh	100 g	13,6
Lachs, Wildfang	150 g	9,5
Lachsfilets (TK)	125 g	16,3

Lachsforellenfilets (TK)	125 g	12,8
Languste	100 g	1,1
Makrele	150 g	17,9
Makrele, geräuchert	75 g	11,6
Matjeshering	75 g	17,0
Miesmuschel	100 g	2,0
Ölsardinen	60 g	8,3
Pangasius, Filet (TK)	150 g	2,1
Riesengarnelen	100 g	1,3
Rotbarsch, geräuchert	75 g	4,1
Rotbarsch, Goldbarsch	150 g	5,4
Sahne-Heringsfilet	200 g	51,0
Salzhering	75 g	11,6
Sardine	150 g	6,8
Schellfisch	150 g	0,9
Schillerlocken	50 g	12,1
Scholle	100 g	0,8
Seehecht	150 g	3,8
Seelachs in Öl/Lachsersatz	25 g	2,0
Seelachs, geräuchert	75 g	0,6
Seezunge	150 g	2,1
Steinbutt	150 g	2,6
Sylter Matjestopf	100 g	25,0
Thunfisch	150 g	23,3
Thunfisch in Öl	100 g	20,9
Thunfisch in Wasser (Dose)	100 g	1,0
Tintenfisch	100 g	0,9
Wildlachs geräuchert	100 g	2,0–5,0
Wildlachsfilet (TK)	100 g	4,6
Zander	150 g	1,1
Fleisch		
Rindfleisch		
Bauch	100 g	20,4

Brust, Quer-, Spannrippe	150 g	32,6
Hohe Rippe	150 g	9,6
Filet	150 g	6,0
Gulasch, mittelfett	150 g	12,9
Hackfleisch Rind	100 g	14,0
Hochrippe (Rostbraten)	150 g	12,2
Hüftdeckel, Tafelspitz	150 g	18,5
Hüfte	150 g	3,6
Kamm	150 g	12,8
Keule	150 g	10,7
Kugel, Nuss	150 g	4,4
Leber	150 g	5,1
Lende, Roastbeef	150 g	6,8
Ochsenschwanz	150 g	17,3
Schnitzel, mager	150 g	6,5
Steak, mager	150 g	6,8
T-Bone Steak	150 g	21,6
Tatar	150 g	4,5
Zunge	150 g	23,9
Kalbfleisch		
Brust	150 g	9,5
Filet	150 g	2,1
Haxe	150 g	2,4
Keule	150 g	2,4
Kotelett	150 g	4,7
Leber	150 g	6,2
Rückensteak	150 g	3,9
Schnitzel	150 g	2,7
Schweinefleisch		
Bauch	150 g	31,7
Bug, Schulter	150 g	24,8
Dicke Rippe	150 g	23,4
Eisbein, Hinterhaxe	150 g	18,3

Filet	150 g	3,0
Hackfleisch	100 g	20,0
Hüfte, reines Fleisch	150 g	3,6
Kamm	150 g	20,7
Kasseler	150 g	11,3
Keule, Hinterschinken	150 g	34,4
Kotelett	150 g	7,8
Leber	150 g	6,8
Lendensteak	150 g	3,2
Mett	150 g	33,8
Nuss	150 g	2,0
Rückenspeck, frisch	30 g	24,8
Schnitzel	150 g	2,9
Lammfleisch		
Lamm, Hüftkotelett mager	150 g	14,4
Lamm, Hüftkotelett mit Fett	150 g	26,4
Lamm, Keule, mager	150 g	10,5
Lamm, Lendenkotelett, mager	150 g	10,7
Lamm, Muskelfleisch, Rücken	150 g	4,4
Lamm, Schulterkotelett, mager	150 g	16,2
Lamm, Stielkotelett, mager	150 g	12,3
Lamm, Stielkotelett mit Fett	150 g	31,2
Hammel, Muskelfleisch (Rücken)	150 g	5,4
Sonstiges Fleisch und Wild		
Damwild, Rücken	150 g	3,8
Hase	150 g	4,5
Hackfleisch halb und halb	100 g	17,5
Hirsch, Rücken	150 g	0,9
Kaninchen, Haus-	150 g	11,4
Kaninchen, Wild-	150 g	3,5
Pferd, Muskelfleisch	150 g	4,5
Reh, Rücken	150 g	2,6
Strauß, Rückenfilet	150 g	4,8

Wildschwein, Rücken	150 g	3,9
Geflügel		
Brathähnchen	250 g	23,3
Ente mit Haut	150 g	25,8
Ente ohne Haut	150 g	4,8
Gans ohne Haut	150 g	10,7
Hähnchenbrust o. Haut	150 g	1,1
Hähnchenbrust m. Haut	150 g	9,2
Hähnchenkeule m. Haut	150 g	22,8
Hähnchenkeule o. Haut	150 g	9,9
Pute/Truthahn, Brust	150 g	1,4
Pute/Truthahn, Filet	150 g	1,5
Suppenhuhn frisch	100 g	20,3
Wachtel	150 g	18,1
Fleischfertigwaren		
Bockwurst	115 g	29,0
Bratwurst fein	115 g	31,0
Bratwurst grob	115 g	28,0
Cordon bleu (Schwein	150 g	17,0
Fleischsalat	100 g	37,0
Frankfurter Würstchen 1 Paar	100 g	24,0
Frikadellen	150 g	15,0
Hack-Bällchen (Herta)	30 g	6,0
Hot Dog (Herta)	100 g	8,0
Königsberger Klopse	50 g	5,0
Leberkäse	100 g	29,0
Leberkäse 3%	100 g	3,0
Weißwurst 1 Paar	100 g	26,0
Wiener Würstchen 1 Paar	100 g	26,0
Wiener Würstchen light 1 Paar	83 g	12,0
Gemüse (wird nicht berechnet, außer Avocado und Mais)		
Artischocke 1 St.	200 g	0,2
Aubergine 1 St.	200 g	0,4

Avocado 1 St		47,0
Blumenkohl	200 g	0,4
Bohnen, grüne, gekocht	200 g	0,4
Brokkoli	200 g	0,4
Chicorée 2 St.	200 g	0,4
Chinakohl	200 g	0,6
Fenchel 1 St.	200 g	0,6
Grünkohl, roh	200 g	1,8
Gurke	200 g	0,4
Karotten, Möhren	200 g	0,4
Kartoffel 2 St.	200 g	0,2
Knollensellerie 1 St.	200 g	0,6
Kohlrabi 1 St	200 g	0,2
Kürbis	200 g	0,2
Kürbis, Hokkaido-	200 g	1,0
Paprikaschote 1 St.	200 g	0,4
Porree/Lauch 1 Stange	200 g	0,6
Radieschen 2 Bund	200 g	0,2
Rettich 1 St.	200 g	0,4
Rosenkohl	200 g	0,6
Rote Bete/Rote Rübe .	200 g	0,2
Rotkohl/Blaukraut	200 g	0,4
Schwarzwurzel	200 g	0,8
Spargel	200 g	0,4
Spinat	200 g	0,6
Steckrübe/Kohlrübe	200 g	0,4
Tomaten	200 g	0,4
Weißkohl	200 g	0,4
Wirsing	200 g	0,8
Zucchini	200 g	0,8
Zuckermais 1 Kolben	200 g	2,4
Zwiebel	100 g	0,3

Gemüsekonserven (nur Oliven u. Mais werden berechnet)		
Apfelrotkohl	200 g	0,4
Champignons	200 g	1,0
Chili Bohnen	100 g	0,8
Karotten/Möhren	200 g	0,6
Karottensalat	150 g	0,9
Kichererbsen	100 g	2,0
Kürbis, eingelegt	50 g	0,1
Maiskölbchen	50 g	0,2
Mixed Pickles	50 g	0,4
Oliven, grün, mariniert 5 St.	25 g	3,5
Oliven, schwarz 5–6 St.	25 g	9,0
Peperoni, mild 5–6 St.	50 g	0,1
Peperoni, scharf 5–6 St.	50 g	0,8
Rote Bete, eingelegt	100 g	0,2
Rotkohl	200 g	0,2
Sauerkraut	200 g	0,6
Sauerkraut, Mildessa 3 Min.	200 g	0,2
Selleriesalat	150 g	1,1
Senfgurken	50 g	0,1
Spargel	200 g	0,2
Silberzwiebeln, eingelegt	50 g	0,2
Tomaten, getrocknet	20 g	0,6
Zuckermais	100 g	2,0
Getreide und Getreideprodukte		
Buitoni Fettuccini verdi	125 g	4,0
Buitoni Gnocchi di patate	200 g	1,0
Buitoni Ravioli	125 g	13,0
Buitoni Tortellini ricotta e spinaci	125 g	11,0
Chinesische Eiernudeln	80 g	2,4
Chinesische Nudeln ohne Ei	80 g	1,2
Dampfnudeln	100 g	10,0
Dinkelmehl	20 g	1,0

Eierspätzle (TK)	200 g	4,8
Eierteigwaren	100 g	1,8
Germknödel Iglo TK	167 g	8,0
Maultaschen gekocht	250 g	13,0
Mehl, alle üblichen Sorten	100 g	< 1,0
Reis, gekocht	200 g	1,1
Reis	100 g	1,1
Reis, Wildreis	100 g	0,8
Reis, Wildreis, gekocht	200 g	0,8
Schupfnudeln (TK)	200 g	1,8
Semmelknödel Maggi 2 St.		5,0
Spätzle gekocht	150 g	8,0
Vollkornteigwaren ohne Ei	80 g	2,4
Vollkornteigwaren ohne Ei, gekocht	200 g	2,3
Müsli und Cerealien (immer 30 g)		
Bircher Müsli	125 g	6,8
Bran Flakes		1,0
Corn flakes, Corn Pops, Smacks		1,0
Crunchy Nut,		1,0
Dinkelhaferflocken	100 g	2,0
Frosties		< 1,0
Haferfleks 3 EL		2,0
Haferflocken	100 g	7,0
Knusperflakes mit Schokolade 3 EL		3,0
Knusper-Honeys		9,0
Knusper-Müsli		8,0
Rice-Crispies		< 1,0
Nutri-Grain Schokomüsli 40 g		3,0
Heiße Getränke		
Café au lait	200 ml	2,5
Cappuccino instant	250 ml	1,0
Cappuccino instant /Milch	250 ml	3,0
Chocafé instant	250 ml	3,0

Heiße Schokolade	150 ml	6,0
Irish Coffee	260 ml	19,0
Latte macchiato	220 ml	4,2
Mocca Shake / frappe	330 ml	5,0
Weine und Biere		
Apfelwein	200 ml	5,0
Bier	330 ml	11,0
Eierlikör	20 ml	1,4
Pina Colada	300 ml	1,8
Red Bull	250 ml	0,0
Schnaps	4 cl	2,0
Sekt	100 ml	7,0
Wein	200 ml	15,0
Käse		
Appenzeller 50 % i. Tr.	30 g	9,5
Bavaria Blue 70 % i. Tr.	30 g	12,0
Bergkäse 45 % i. Tr.	30 g	8,7
Bonifaz 70 % i. Tr.	30 g	13,2
Bresso »light« 8 % absolut	30 g	2,7
Bresso Frischkäse 60 % i. Tr.	30 g	7,0
Bresso Weichkäse 60 % i. Tr.	30 g	10,0
Brie 50 % i. Tr.	30 g	8,4
Burlander 30 % i. Tr.	30 g	4,8
Butterkäse 30 % i. Tr.	30 g	4,6
Butterkäse 60 % i. Tr.	30 g	10,4
Cambozola 70 % i. Tr.	30 g	12,0
Camembert 30 % i. Tr.	30 g	4,0
Camembert 45 % i. Tr.	30 g	6,7
Camembert 60 % i. Tr.	30 g	10,2
Edamer 30 % i. Tr.	30 g	4,9
Emmentaler »leicht« i. Tr.	30 g	3,0
Emmentaler 45 % i. Tr.	30 g	9,4
Esrom Classic i. Tr.	35 g	8,8

Esrom 16 % absolut	25 g	4,0
Feta, Patros i. Tr.	50 g	8,5
Géramont 75 % i. Tr.	30 g	12,6
Géramont leicht 39 % i. Tr.	30 g	4,8
Géramont mit Joghurt 45 % i. Tr.	30 g	6,0
Gouda 40 % i. Tr.	30 g	6,7
Gouda 17% absolut	30 g	5,1
Harzer/Handkäse	30 g	0,2
Höhlenkäse 16 % absolut	25 g	4,0
Hüttenkäse 20 % i. Tr.	30 g	1,2
Kochkäse 10 % i. Tr.	30 g	0,9
Kochkäse 40 % i. Tr.	30 g	4,2
Körniger Frischkäse 0,4 % absolut	30 g	0,1
Le Tartare »leicht« 8 % absolut	30 g	3,0
Leerdamer 45 % i. Tr.	30 g	8,3
Le Rustique 11 % absolut	30 g	3,7
Limburger 9 % absolut	30 g	2,7
Limburger 40 % i. Tr.	30 g	5,9
Oliven mit Paprika	60 g	12,6
Parmesan 37 % i. Tr.	30 g	7,7
Parmesankäse 1 EL 30 %	15 g	2,0
Raclette 48 % i. Tr.	30 g	8,4
Roquefort 45 % i. Tr.	30 g	9,3
Scheibletten 45 % i. Tr.	20 g	5,0
Scheibletten 12 % absolut	20 g	3,0
Schmelzkäse 45 % i. Tr.	30 g	8,7
Schmelzkäse 9 % absolut	30 g	2,8
Schnittkäse 20 % i. Tr.	20 g	2,0
Schnittkäse 30 % i. Tr.	20 g	3,0
Schnittkäse 45 % i. Tr.	20 g	6,0
Tilsiter 30 % i. Tr.	30 g	5,2
Kuchen und Kekse		
Amerikaner 1 St.	110 g	7,3

Apfel-Butterstreusel (TK) 1 St.	108 g	9,8
Apfelkuchen 1 St.	120 g	9,0
Apfelstrudel 1 St.	150 g	10,3
Blätterteig 1 St.	50 g	14,8
Butterkeks 12 St.	14 g	1,7
Butterkuchen 1 St.	75 g	12,6
Cookies 2 St.	38 g	9,8
Donauwelle 1 St.	92 g	19,4
Donut mit Schokolade 1 St.	60 g	14,0
Dresdner Stollen 1 St.	100 g	17,6
Früchtebrot 1 Scheibe	100 g	8,6
Gewürzkuchen 1 St.	100 g	12,5
Gewürzspekulatius 5 St.	30 g	4,8
Kakaocreme 1 St.	25 g	5,1
Käsekuchen, Alt-Böhm. 1 St.	104 g	9,8
Käse-Sahne-Torte 1 St.	117 g	15,5
Kipferl 5 St.	35 g	5,6
Lebkuchen 2–3 St.	30 g	2,1
Löffelbisquit 5 St.	25 g	1,2
Mandel-Bienenstich 1 St.	58 g	11,5
Marmorkuchen 1 St.	70 g	15,2
Marzipan-Kartoffeln 2 St.	13 g	13,0
Marzipan-Torte 1 St.	104 g	8,2
Muffin mit Schokolade 1 St.	100 g	27,9
Nussecke 1 St.	50 g	15,2
Nusskuchen 1 St.	100 g	29,1
Nuss-Sahnetorte 1 St.	108 g	23,2
Obstkuchen aus Hefeteig 1 St.	125 g	4,4
Pfannkuchen, Krapfen 1 St.	70 g	8,3
Philadelphia-Torte 1 St.	83 g	20,3
Russisch Brot 18 St.	30 g	0,3
Sahne-Rolle Erdbeer, 1 St.	67 g	6,8
Sahnetorte 1 St.	125 g	31,3

Schoko-Kekse 1 St.	14 g	3,6
Schoko-Waffeln 1 St.	11 g	4,0
Schwarzwälder K.-Torte 1 St.	117 g	14,1
Schweinsohren	100 g	20,0
Zimtsterne 6 St.	34 g	8,8
Milch- und Milchprodukte		
Buttermilch 1 Glas	250 g	1,3
Dickmilch 1,5 %	100 g	1,5
Frische Milch 1,5 %	250 ml	3,8
Frische Milch 3,5 %	250 ml	8,8
Frucht Buttermilch	500 g	2,5
H-Milch 0,1 %	250 ml	0,3
H-Milch 0,3 %	250 ml	0,8
Kefir 1,5 %	100 g	1,5
Kondensmilch 10 %, 1 EL	15 g	1,5
Kondensmilch 4 % 1 EL	15 g	0,6
Molke	250 ml	0,5
Sahne/Schlagsahne 30 %	25 ml	7,9
Saure Sahne 10 % Fett	25 ml	2,5
Schmand 24 % Fett	100 g	6,0
Stutenmilch	250 ml	3,8
Ziegenmilch	250 ml	9,8
Frischkäse und Quark		
Buko Balance 17 %	30 g	5,1
Buko Der Sahnige	30 g	7,5
Doppelrahmfrischkäse	30 g	9,5
Feta 45 % Fett	30 g	5,0
Feta 9 % (Salakis)	30 g	3,0
Frischkäse Bärlauch Petrella	30 g	7,3
Frischkäsezubereitung		
m. Kräutern 20 %	30 g	2,3
Frischkäse 0,5 %	10 g	0,0
Frischkäse 5 %	10 g	0,5

Frischkäse 11 %	10 g	1,1
Frischkäse 16 %	10 g	1,6
Hüttenkäse, Gervais	200 g	7,8
Körniger Frischkäse 0,2 %	150 g	4,4
Mascarpone 1 EL	25 g	11,9
Mozzarella 45 %	100 g	19,8
Mozzarella 8,5 %	100 g	8,5
Speisequark 20 %	150 g	7,7
Speisequark 40 %	150 g	17,1
Speisequark 0,3 %	150 g	0,5
Ziegenfrischkäse 8 %	30 g	2,4
Joghurt, Milkshakes, Dessert		
Actimel Classic 0,1 %	100 g	0,1
Activia Classic mit Früchten	115 g	3,2
Almighurt mit Früchten	150 g	4,2
Biojoghurt min. 3,7 %	150 g	5 g
Café Latte/ Cappuccino	230 ml	3,2
Dany Sahne Schoko	115 g	7,7
Exquisa 0,2 % Fruchtquark	150 g	0,3
Früchte Traum 0,1 % Fett	125 g	0,1
Früchte Traum mit Frucht	125 g	5,0
Fruchtzwerge 20 %	50 g	3 g
Grand Dessert Schoko	200 g	9,8
Grieß Traum	125 g	5,4
Grießpudding 0,9 % Optiwell	150 g	1,4
Joghurt entrahmt 0,3 %	150 g	< 1,0
Joghurt mit der Knusper Ecke	150 g	8,6
Joghurt teilentrahmt 1,5 %	150 g	2,0
Joghurt vollfett 3,5 %	150 g	5,0
Kefir 1,5 %	125 g	2,0
Kefir 10 %	125 g	12,0
Kefir 3,5 % mit Frucht	125 g	4,0
Monte Drink	200 ml	4,4

Monte	55 g	7,3
Müller Milchreis, Original	200 g	5,0
Müllermilch Original Schoko	250 g	4,0
Obstgarten classic	125 g	5,0
Obstgarten Diät 0,4 % Fett	125 g	0,5
Optiwell Schokopudding	150 g	1,4
Optiwell Joghurt 0,1%	100 g	0,1
Puddis in Love Schokokiss	120 g	11,6
Sahne-Joghurt, 10 %	150 g	15,0
Vanille Traum 0,1 % Fett	125 g	0,1
Vanille Traum mit Himbeer	125 g	5,0
Vanillepudding Vollmilch	145 g	4,4
Yakult Original	65 ml	0,1
Zott Jogolé 0,1 %	150 g	0,2
Zott Sahne-Joghurt, mild	150 g	11,6
Nüsse und Samen		
Cashewkerne 20 St.	30 g	12,7
Erdnusskerne 20 St.	30 g	14,4
Haselnusskerne 30 St.	30 g	18,5
Kokosnuss, gehackt	50 g	18,3
Kürbiskerne	50 g	13,7
Leinsamen	50 g	21,0
Macademianuss	30 g	21,9
Mandelkerne 20 St.	30 g	16,2
Paranuss 8 St.	30 g	20,0
Pinienkerne	30 g	18,0
Pistazienkerne 20 St.	30 g	15,5
Sonnenblumenkerne	30 g	14,7
Walnusskerne	30 g	18,8
Obst (wird nicht berechnet, aber: Vorsicht Zucker)		
Ananas	150 g	0,3
Apfel	150 g	0,9
Aprikosen	150 g	0,2

Banane mittelgroß	100 g	0,2
Birne mittelgroß	150 g	0,5
Brombeeren	125 g	1,3
Dattel, 3 St.	25 g	0,1
Erdbeeren	150 g	0,6
Feige, 2–4 St.	25 g	0,6
Grapefruit/Pampelmuse	200 g	0,4
Heidel-/Blaubeeren	125 g	0,8
Himbeeren	125 g	0,4
Honigmelone	150 g	0,2
Johannisbeeren,	125 g	0,3
Khaki	150 g	0,5
Karambole/Sternfrucht 1 St.	80 g	0,2
Kirschen	125 g	0,6
Kiwi	90 g	0,5
Kumquat 6–10 St.	80 g	0,2
Litschi 8 St.	80 g	0,2
Mandarinen	80 g	0,2
Mango 1 St. klein	150 g	0,8
Mirabellen 10 St.	150 g	0,3
Nashi/Japanische Apfelbirne 1 St. klein	150 g	0,3
Nektarine, entsteint	150 g	0,2
Orange/Apfelsine 1 St. klein	150 g	0,3
Papaya	150 g	0,5
Pfirsich 1 St.	125 g	0,1
Physalis 30 St.	125 g	1,4
Pflaumen/Zwetschgen 4–5 St.	125 g	0,3
Preiselbeeren	125 g	0,6
Stachelbeeren 15–20 St.	125 g	0,3
Wassermelone	150 g	0,3
Weintrauben 20 St.	125 g	0,4
Zitrone, geschält 1 St. klein	60 g	0,4
Zuckermelone/Honigmelone	150 g	0,2

Obstkonserven (wird nicht berechnet, Vorsicht Zucker)		
Ananas 3 Scheiben	150 g	0,3
Apfelmus 6 EL	150 g	0,6
Aprikosen	125 g	0,1
Birnen	125 g	0,3
Erdbeeren	125 g	0,3
Fruchtcocktail	125 g	0,1
Grapefruit in Saft,	125 g	0,3
Heidel/Blaubeeren	125 g	0,8
Himbeeren, ungesüßt	145 g	0,1
Kirschen im Glas	125 g	0,3
Mandarinen	125 g	0,1
Mango	125 g	0,3
Pfirsich	125 g	0,1
Pflaumen/Zwetschgen	125 g	0,1
Preiselbeeren, gesüßt	50 g	0,2
Stachelbeeren	125 g	0,1
Trockenobst (wird nicht berechnet, aber Vorsicht Zucker)		
Apfel	25 g	0,4
Aprikose 3 St. mittelgroß	25 g	0,1
Banane, getrocknet 10–12 Scheiben	25 g	0,2
Feige 1 St.	25 g	0,3
Pflaumen, Dörrpflaumen 3 St.	25 g	0,2
Rosinen/Sultaninen	25 g	0,2
Öle und Fette		
Alle Speiseöle 1 EL	10 ml	10,0
Brunch 14 %	10 g	1,4
Brunch 24 %	10 g	2,0
Butter	10 g	8,0
Butter, halbfett	20 g	8,0
Butterschmalz	20 g	20,0
Joghurtbutter 2 EL	20 g	14,0

Margarine	10 g	8,0
Margarine/halbfett	10 g	3,9
Sauerrahmbutter 2 EL	20 g	16,6
Schmalz	10 g	10,0
Salat (wird nicht berechnet)		
Eisbergsalat	50 g	0,2
Feldsalat	50 g	0,2
Kopfsalat	50 g	0,1
Radicchio	50 g	0,1
Rucola / Rauke	50 g	0,4
Saucen/Dressings		
Balsamico-Dressing 2 EL	15 ml	0,8
Barbecue-Sauce 1 EL	15 ml	0,0
Béchamelsauce 6 EL	100 ml	17,7
Béchamelsauce, leicht 6 EL	100 ml	7,6
Chinesische Sauce, süß-sauer 1 EL	15 ml	0,0
Curry-Gewürz-Ketchup 2 EL	20 ml	0,1
Curry-Ketchup 2 EL	20 ml	0,0
Currysauce 1 EL	15 ml	2,9
Essig 2 EL	15 ml	0,0
Frisches Joghurt-Dressing 2 EL	25 ml	7,1
Joghurt-Kräuter-Dressing, leicht 2 EL	25 ml	2,8
Joghurt -Salatcreme 20 %	5 g	2,0
Knoblauchbutter 1 EL	20 g	12,4
Knoblauchsauce 1 EL	15 ml	4,5
Kräuterbutter 1 EL	20 g	12,4
Mayonnaise		
Delikatess-Mayonnaise 82 %	5 g	4,0
Salat-Mayonnaise 50 %	5 g	3,0
Salat-Mayonnaise, 50 %, 1 EL	15 g	7,7
Mayonnaise, Salatcreme 20 % Fett 1 EL	15 g	3,8
Miracel Whip 4,9 %	100 g	4,9
Miracel Whip Balance 10 %	100 g	10,0

Miracel Whip 4,9 % (Du darfst)	10 g	0,5
Meerrettich, Sahne- 1 EL	15 g	3,3
Meerrettich, Tafel 1 EL	15 g	1,6
Remoulade 9 % (von Thomy)	10 g	1,0
Remoulade 79 %	5 g	4,0
Röstzwiebeln 1 EL	5 g	2,2
Salatgenuss 3 %	10 g	0,3
Sauce Hollandaise	100 ml	54,7
Sauce Hollandaise 8 %	100 ml	7,6
Schaschliksauce 1 EL	15 g	0,1
Sojasauce 1 EL	15 ml	0,1
Texicana-Salsa 1 EL	15 ml	0,1
Tomatenketchup 2 EL	20 g	0,0
Worcestersauce 1 TL	5 g	0,1
Zigeunersauce, 1 EL	15 ml	0,0
Pikante Snacks		
Chipsletten 11–13 St.	25 g	8,3
Chips, alle Sorten 11–13 St.	25 g	8,8
Chrunchips, leicht 11–13 St.	25 g	6,0
Erdnussflips	30 g	7,2
Erdnüsse	30 g	9,0
Goldfischli Original	25 g	4,3
Grissini 4–6 Stangen	30 g	3,2
Kräcker/Cracker 3–5 St.	25 g	3,5
Popcorn	30 g	1,5
Pringles Original 12–13 St.	25 g	8,4
Saltletts, Brezel	25 g	1,9
Salzstangen 20 St.	30 g	0,2
Sour Cream & Onion Pringles 12–13 St.	25 g	8,2
Studentenfutter	30 g	9,4
Tortilla-Chips	30 g	7,3
Tuc Cracker Classic 5 St.	25 g	5,8
Tuc Cracker Leicht 5 St.	24 g	2,4

Schokolade und Bonbons		
After Eight 3 St.	25 g	3,2
Amicelli 1 St.	13 g	3,2
Balisto, Joghurt-Beeren-Mix 2 St.	37 g	9,8
Balisto, Korn Mix 2 St.	37 g	9,5
Bounty 2 St.	57 g	14,0
Celebrations 1 St.	8 g	1,4–2,6
Choco Crossies 4 St.	20 g	5,5
Daim, 1 St.	28 g	9,1
Duplo 1 St.	18 g	6,0
Edelbitterschokolade 70 %	20 g	8,8
Fioretto Nougat 1 St.	23 g	8,1
Knoppers 1 St.	25 g	8,4
M&M's Choco 1 Pack. klein	45 g	9,3
Mars 1 St.	51 g	8,5
Mars Mandel 1 St.	49 g	12,9
Meeresfrüchte 1 St.	11 g	4,0
Milchschnitte 1 St.	28 g	7,8
Milky Way 1 St.	22 g	3,5
Mozartkugel 1 St.	17 g	5,7
Schokobanane 1 St.	13 g	1,4
Snickers 1 St.	57 g	15,3
Snickers Cruncher 1 St.	40 g	11,4
Dickmanns, Schaumküsse 1 St.	28 g	3,0
Twix 1 Pack.= 2 St.	58 g	14,0
Vollmilchschokolade	20 g	6,3
Weisse Schokolade	20 g	6,6
Yogurette 1 St.	13 g	4,5
Zartbitterschokolade	20 g	6,9
Bonbons		
Campino Früchte Joghurt 1 St.	4 g	0,2
Karamell Riesen 1 St.	5 g	0,5
Mamba, alle Sorten 1 St.	4 g	0,2

Mint Chocs 1 St.	6 g	0,4
Rachengold Milch & Honig 1 St.	6 g	0,2
Riesen, Storck 1 St.	9 g	1,7
Schoko Toffees 1 St.	9 g	1,9
Schokolinchen 1 St.	7 g	0,6
Toffifee 1 St.	8 g	2,4
Werthers Herbe Karamell 1 St.	6 g	1,8
andere Bonbons 1 St.	6 g	0–0,1
Speiseeis (1 Stück)		
Big Mandel	75 g	16,8
Calippo Cola	105 g	0,0
Calippo Erdbeere	105 g	0,0
Capri	55 g	0,0
Cornetto Bottermilk Zitrone	86 g	9,0
Cornetto Erdbeer	75 g	8,0
Cornetto Haselnuss	75 g	14,0
Domino	90 g	8,0
Einfacheiscreme	100 g	0,9
Eiscreme	100 g	2,7
Erdbeere	75 g	5,7
Flutschfinger	72 g	0,0
Joghurteis (Linessa)	100 g	3,5
Magnum Classic	120 g	16,0
Magnum Gold	110 g	18,0
Magnum Mandel	120 g	18,0
Magnum Weiss	120 g	15,0
Nogger	94 g	14,0
Sahneeiscreme	100 g	15,6
Softeis	60 g	1,8
Solero Exotic	90 g	2,5
Sorbeteis	100 g	0,0
Wurst		
(1 Scheibe oder 1 Portion = 20 g)		

Aspikwurst		0,0–0,5
Bierschinken		4,0
Bierwurst		4,0
Blutwurst		6,0
Cornedbeef		1,0
Fleischkäse grob		5,0
Geflügeljagdwurst		2,0
Geflügelleberwurst		5,0
Geflügellyoner		3,0
Geflügelmortadella		3,0
gekochter Schinken		1,0
Hausmacher Leberwurst		5,0
Hähnchenbrustaufschnitt		0,5
Jagdwurst		4,0
Kalbskäse		6,0
Kasseler		1,0
Lachsschinken		1,0
Leberkäse		5,0
Leberwurst light 3 %	30 g	1,0
Leberwurst Linessa 20 %	20 g	4,0
Leberwurst fett	30 g	9,5
Lyoner		6,0
Mettwurst		8,0
Mortadella		7,0
Putenzwiebelmett		1,0
Putenbrust		0,4
roher Schinken		7,0
Salami deutsch	15 g	8,0
Salami Geflügel	15 g	4,0
Schwarzwälder Speck		12,0
Teewurst		7,0
Teewurst fettreduziert		5,0
Truthahnbierschinken		2,0

REGISTER

A

B

C

264

K

L

M

N

O

P

W

Z

Wir sollten wissen, was wir essen

Erhellende Erkenntnisse für **bewusste Verbraucher**

978-3-453-17074-2

Eva Goris /
Claus-Peter Hutter
Der Duft-Code
*Wie die Industrie unsere
Sinne manipuliert*
978-3-453-20001-2

Klaus Oberbeil
Die tägliche Dosis Gift
*Warum fast alles, was wir
berühren, essen oder einatmen,
chemisch belastet ist. Und wie
wir uns davor schützen können*
978-3-453-65015-2

Hans-Ulrich Grimm
Die Ernährungsfalle
*Wie die Lebensmittelindustrie
unser Essen manipuliert*
978-3-453-17074-2

Leseproben unter: **www.heyne.de**

Besuchen Sie
den Heyne Verlag
im Social Web

 **Facebook**
www.heyne.de/facebook

 **Twitter**
www.heyne.de/twitter

 **Google+**
www.heyne.de/google+

 **YouTube**
www.heyne.de/youtube

www.heyne.de

HEYNE ‹